ハマースの集会（2006年）
パレスチナ立法評議会選挙におけるハマースの選挙集会に集う支持者たち。（Rex Features/PPS通信社）

アズハル・モスク
970年にカイロに建立されたモスクで，現在に至るまでイスラーム学の最高学府のひとつ。

アブー・キールの戦い（1799年）
ナポレオン率いるフランス軍のエジプト侵攻は，イスラーム世界の伝統的社会を大きく揺るがした。

イラク戦争開戦直後のカイロ中心部(2003年)
外資系レストラン周辺に普段よりも多くの警察車両が配備されている。

ファールーク病院内薬局(2003年)
代表的な同胞団系医療機関のひとつで，ボランティアの薬剤師が患者に対応している。

エジプトの反政府集会(2005年)
政府による反体制活動家拘束に抗議し，「私の父はどこへ?」との紙を掲げる女性。

オスロ合意調印式（1993年）
握手をするラビン・イスラエル首相とアラファートPLO議長。イスラエルとPLOが相互承認をおこなった。

カッサーム殉教者旅団の集会（2005年）
ガザ地区にて。カッサーム・ロケット弾が並べられている。

イスラームを知る

10

原理主義の潮流

ムスリム同胞団

Yokota Takayuki

横田貴之

原理主義の潮流　ムスリム同胞団

目次

監修：NIHU（人間文化研究機構）プログラム　イスラーム地域研究

イスラーム原理主義とイスラーム復興

『原理主義の潮流』。本書のタイトルを目にして、なにやらイスラーム原理主義の解説本があるなと、手にとったかたがほとんどであろう。皆さんのなかには、アル・カーイダ[1]やターリバーン[2]（報道などでは「タリバン」と表記されることが多い）など日頃よく耳にする「イスラーム原理主義組織」について、この本は解説してくれると期待するかたもいるであろう。あるいは、イランなど「イスラーム原理主義国家」と呼ばれる国について学ぶことができると思われるかたもいるであろう。実際に、筆者が大学の講義で学期の初めなどに、原理主義という言葉について思いついたことを書いてほしいとアンケートをとると、これらの組織名や国名が書かれることが多い。

では、読者の皆さんはムスリム同胞団をご存知であろうか。じつは、タイトルの副題にも明示しているように、本書で取り上げるのはこの同胞団である。中東やイスラームに関心をおもちのかたならばご存知であろうが、学期初めのアンケートではほとんどの学生が知らないという組織である。筆者が、「この講義では同胞団を中心にイスラームについて

1　ウサーマ・ビン・ラーディンを指導者とする急進的なイスラーム復興運動。対米ジハードを唱え，2001年の米国同時多発テロ事件（9・11事件）実行犯とされる。

2　イスラーム神学生を中心とする武装したアフガニスタンのイスラーム復興運動。1990年代の内戦で台頭し，96年に首都カーブルを制圧。しかし，アル・カーイダのメンバーをかくまったため，2001年，米国の攻撃や国内反対勢力の反撃によりターリバーン政権は崩壊した。

解説をおこない、イスラーム世界について考えます」と説明すると、アル・カーイダなどの組織にかんする知識を欲している学生の多くは、二度と講義にでてこない。一部の学生からは、「どうして同胞団のように地味な運動の研究をしているのか」と悲しい質問を受けることもある。

しかし、初めにいっておきたいのは、イスラーム世界において同胞団は決して地味な運動ではなく、今日最大のイスラーム復興運動の一つだということである。一九二八年にエジプトにおいて誕生したこの同胞団という組織は、創設後約二〇年のうちに同国最大の社会・政治結社に成長し、現在も同国において大きな勢力を有している。地理的広がりという点からは、同胞団に比肩しうるイスラーム復興運動はない。同胞団や同胞団に関係する組織はアラブ諸国に広く存在し、各国で大きな勢力を誇る運動となっている。その思想的影響は、さらに遠く中央アジアや東南アジアにまでおよんでいる。

本書の読者には高校生・大学生諸君も多いであろう。世界史履修者がよく参照する『世界史B用語集』改訂版（山川出版社、二〇〇八年）においても、同胞団は「イスラーム復興をとなえてアラブ地域に広がった組織。（中略）エジプトで結成され、コーラン〔クルアーン〕を憲法とする」と解説されている。

たしかに、「テロ組織」としてしばしば新聞やテレビに登場するアル・カーイダなどの急進派組織と比較して、草の根の社会活動を主とする穏健派の同胞団はニュース性が低く、メディアでの露出が少ない。しかし、イスラーム世界における存在感、ムスリム（イスラーム教徒）たちに与える影響、活動の実績をみれば、同胞団の重要性が浮かび上がってくる。また、同書はイスラーム原理主義についても、つぎのように解説する。

中東イスラーム圏を中心に広がっている、政治や文化をイスラームの根本原理に厳格に戻そうとする運動。欧米流の近代化への反発もその根底にあり、イスラーム復興運動の思想的な背景にもなっている。一九七九年のイラン革命もこの立場からおこされたが、今日、一部の組織が過激なテロ活動に走り、大きな問題となっている。

ここで注意をしてほしいのが、末文の「今日、一部の組織が過激なテロ活動に走り、大きな問題となっている」の部分である。われわれが日常的にニュースなどで接するアル・カーイダなど急進派や過激派はこの「一部の組織」である。では、「一部」以外の人びと、すなわち残りの多数派はどんな活動をしているのか。この問いにたいして、筆者は常々、つぎのように答えている。この多数派を代表する運動の一つが同胞団であり、エジプトだけでなくアラブ世界やイスラーム世界のイスラームを考えるヒントになると。本書では、同胞団の歴史、活動、思想について過去と現在から解説することで、現代イスラーム世界について、読者の皆さんが考え理解するための一助となることをめざしたい。

ここで、「原理主義」あるいは「ファンダメンタリズム」について若干付け加えておきたい。じつは、イスラーム「原理主義」という言葉の使用については、色々な問題提起がなされている。「原理主義」とは、もともとキリスト教根本主義[3]を指す言葉であるが、今日では、頑迷・攻撃的なイメージをともなって、ムスリムによる運動を指す用語として広く使われている。例えば、この本を読んでいるあなたが「お前は原理主義者だ」といわれたならば、それを悪口としてとらえる人が多いだろう。あまり気分の良いものではない。なんだか危険な響きやイメージをもつ言葉で、自動小銃で武装した目出し帽の誘拐犯などを連想させる。それゆえ、こういった危険で暴力的なイメージをともなう「原理主義」を、穏健な活動をしている大多数のムスリムにあてはめるのはいかがなものか、という批判がでているのだ。「原理主義」という言葉を使うことで、色々な人が担っている多様な運動も、一様に危険な雰囲気をまとってしまう。

今日、イスラームの教えにもとづいて現状の変革をめざす運動が、一般的にイスラーム原理主義と呼ばれていると筆者は考えている。イスラームの教えをイスラームの「原理」や「原則」としてとらえるならば、イスラームの原理にもとづく変革運動と考えることもできよう。こうした運動のなかには、社会に根ざした穏健な活動をおこなっている組織もあれば、暴力行為を辞さない急進的な運動組織もある。

3 20世紀初めの米国(アメリカ合衆国)のプロテスタントの一派。聖書無謬説や前千年王国説にもとづき，科学的な聖書批評をおこなう自由主義神学に対抗した。現在は「福音派」と呼ばれる。

この穏健派も急進派・過激派も、「イスラームの教えに従って現代を生きる」ということを共通の原理としているが、その実現のための方法論が異なる。前者は「まず自分の暮しから積み上げよう」と考えることが多い。これにたいして、後者はイスラーム的な政治の実現が外国勢力や政治指導者によって妨げられているとし、「まず敵の妨害を排除して、自由をえなければならない」としばしば考える。イスラームの教えであろうが、原理であろうが、それを実現するための方法論の差異が穏健派と急進派・過激派を分けていると考えられる。本書で取り上げるムスリム同胞団は穏健派の代表的な運動である。同胞団もイスラームの教えにもとづいて社会変革をめざす点で、イスラーム原理主義の一翼を担っているということもできよう。

一方で、イスラーム原理主義という用語にかんする問題点はすでに述べたとおりである。そこで、本書は原理主義のかわりに「復興」という言葉を使いたい。中東地域研究などではよく使われる言葉であるが、読者の皆さんには聞き慣れない言葉かもしれない。復興という言葉は、なにか失われたものや壊されたものをふたたび取り戻す、あるいは復活させるというイメージを連想させる。例えば、「日本の戦後復興」という言葉のイメージを連想してほしい。イスラーム原理主義と呼ばれる運動の多くは、現代においてイスラームの教えがきちんと実践されていないから、それをふたたび取り戻そう、ふたたび復活させせよということをめざしている。本書では、彼らのこうした試みに着目して、復興という言葉を使おうと思う。イスラーム原理主義ではなく、イスラーム復興と。「イスラームの教えに従って現代を生きる」ことをめざす運動を指すのに、復興という言葉は適していると思われる。原理主義のような暴力的なイメージもともなわない。とはいえ、もし読者の皆さんにとって「イスラーム復興」が耳になじまないということであれば、「だいたい、イスラーム原理主義みたいなものだ」という理解で本書を読み進めていただいてもよいと筆者は考えている。まずは、同胞団を知ってもらい、そして現代のイスラーム世界について考えてもらうのが、本書の目的なのだから。

第1章　ムスリム同胞団誕生前夜のエジプト

隷属化するエジプト

　本章では、ムスリム同胞団が誕生する二十世紀前半のエジプトの社会状況をみてゆきたい。当時のエジプト社会を理解するうえで重要なキーワードは、イギリスによる支配、大衆社会、マナール派のイスラーム復興、の三つである。

　突然だが、読者の皆さんはつぎのような光景を想像したことがあるだろうか。皆さんの学校が他校の学生によって占拠され、本来そこで主役のはずの皆さんは肩身を狭くして学生生活を送る。校則も他校の学生に勝手に変えられる。反抗すれば、彼らから暴力をふるわれる。筆者が好んで鑑賞する映画や小説ではよくみられる光景だが、現実的にはなかなか起

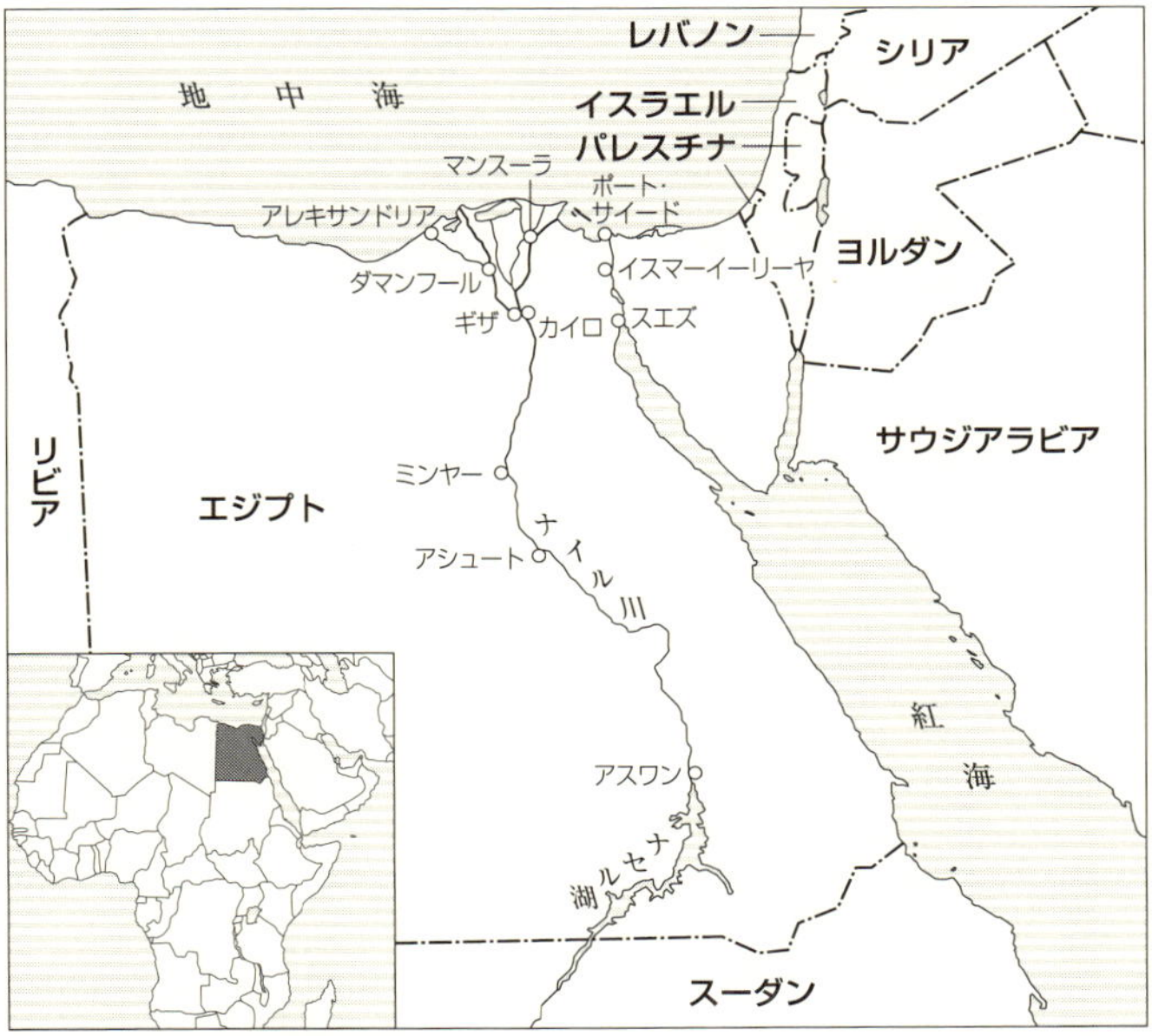

図1　エジプトとその周辺

きないことだろう。

しかし、このような事態が現実となった時代があった。学校のレベルではない。国のレベルである。それは、西洋諸国による植民地化の時代である。十五世紀に始まる大航海時代[4]以降、ヨーロッパ諸国が侵略によりアジア、アフリカ、南北アメリカ大陸などで海外領土を獲得してゆく過程である。歴史地図帳をもっているかたは、十九世紀のアジア・アフリカの地図があるページを開いてほしい。イスラーム世界が西洋による植民地化や支配に苦しんでいたことがわかるであろう。エジプトも西洋列強による支配から逃れることはできなかった。

当時のエジプトには、ムハンマド・アリー朝[5]という政権があった。開祖はムハンマド・アリーという人物である。一七九八年にフランスの将軍ナポレオンがエジプトに侵攻した。それにたいして、当時エジプトを領有していたオスマン帝国は、ムハンマド・アリーを隊長に軍隊を派遣する。一八〇一年にフランス軍は撤退するが、その後の混乱のなか、ムハンマド・アリーはエジプト総督に推挙された。彼は先進的な思考をもつ人物だったようで、旧来の支配層を一掃し、大胆な改革に乗り出した。土地国有化と直接徴税制の導入、商品作物である綿花の栽培奨励、徴兵制施行、鋳鉄所や兵器廠の建設など、近代化・工業化にもとづく富国強兵政策がおこなわれ、エジプトの国力は増大した。日本で明治維新後に近

[4] 15世紀にイベリア諸国が海外発展を開始し，18世紀末に世界が一つの大きな経済システム（近代世界システム）に統合されるまでの時代を指す。一般的に，コロンブスのアメリカ到達から，イギリスのオセアニア進出までの時代をいう。

[5] 1805年にムハンマド・アリーがオスマン帝国のエジプト総督に就任して成立した王朝。1952年のエジプト革命によって崩壊するまで，11代にわたって続いた。

[6] 国家が他国の干渉を受けずに関税を自主的に決定できる権限。

代化政策がおこなわれる半世紀以上も前のことである。

　しかし、彼の富国強兵政策は、エジプトの強大化を警戒するイギリスなど西洋列強の介入をまねき、最終的には失敗に終わる。その後もイギリスは、本国とインドを結ぶ戦略的要地であるエジプトへ支配の手を伸ばしつづけた。ふたたび歴史地図帳を開いていただきたい。当時のイギリスは世界中に植民地を有しており、とくにインドは重要な植民地であった。イギリスとインドを結ぶ中間点に存在し、アジアとアフリカの結節点のエジプトはイギリスの通商・植民地経営における戦略的要地であった。

　イギリスの支配の手は、まずエジプトの経済に向けられた。関税自主権[6]を失ったエジプトへ、安価なイギリス製品が流入し、エジプトの揺籃《ようらん》期の産業はつぶされた。その結果、かつてムハンマド・アリーが栽培を奨励した綿花が大量生産されてイギリスに輸出され、イギリスの工場で加工された綿製品がエジプトに輸入されるという経済関係がかためられてゆく。そして、十九世紀半ばには、エジプトは綿花を栽培する農業国として、イギリスを中心とする資本主義世界市場に組み

▲ムハンマド・アリー(1769～1849)　ギリシア北東部の町カヴァラ出身。1801年にオスマン帝国のアルバニア人部隊の隊長としてエジプトに上陸し，05年にエジプト総督となり，ムハンマド・アリー朝を創始した。

▲ナポレオン(1769～1821)　フランス第一帝政の皇帝(在位1804～14，15)。エジプト遠征後，ブリュメール18日のクーデタで統領政府の第一統領となり，1804年には皇帝に即位した。

込まれた。

　収支のバランスを無視した国債発行による借金増大や、スエズ運河[7]建設費の重い負担などにより、エジプトの国家財政が悪化し、一八七六年には財政破綻が公表された。これを受けて、主たる債権者のイギリス・フランス両国は自国民を財務相と公共事業相にすえて、エジプトの国家財政を管理するための内閣をつくった。エジプトの植民地化の危機である。これにたいして、一八八一年、「エジプト人のためのエジプト」という標語を掲げて、アラービー運動[8]という愛国的な民族運動が発生した。しかし、翌年、この運動は出動したイギリス軍によって鎮圧された。さらに、イギリス軍はそのままエジプトを軍事占領下においてしまう。名実ともに、エジプトはイギリスの支配下におかれたのであった。その後も、イギリスの支配は続き、一九一四年の第一次世界大戦勃発にさいして、エジプトはイギリスの保護国とされた。

　第一次世界大戦後、高まる反英感情を背景に、一九一九年革命[9]と呼ばれる独立を求める反英運動が起こった。都市部ではデモやストライキが発生し、地方では鉄道が破壊された。エジプトの革命情勢は、イギリスに占領政策を再考させることとなった。その結果、イギリスは一九二二年二月二十八日にエジプト独立を宣言し、保護国支配を終焉させた。しかし、これには、エジプト国内でのイギリスの移動・通信の自由や、イギリスによるエジプ

7　地中海と紅海を結ぶ全長163キロメートルの運河。フランス人レセップスがムハンマド・アリー朝に働きかけ，1859年開削し，工事に従事したエジプト人農民の大きな犠牲をはらい69年に完成した。莫大な工事費の負担は，エジプト財政悪化の一因となった。
8　アフマド・アラービー大佐(1840～1911)に率いられたエジプトの民族運動。立憲議会の設立と外国人支配からの解放を求めた。
9　第一次世界大戦後の反英独立運動。エジプト人政治家サアド・ザグルール(1857/60～1927)は，パリ講和会議へエジプト独立を提示する代表団を派遣することを計画した。しかし，イギリスはザグルールら指導者を弾圧し，マルタ島へ追放した。これを契機に，エジプト中で激しい抗議行動が発生した。

ト防衛などの留保条件が付され、スエズ運河地帯を中心にイギリス軍の駐留も継続した。エジプト独立は名目的なものとなり、その後もイギリスによる実質的な支配は続いた。

大衆社会化するエジプト

二十世紀前半は、エジプトに大衆社会が成立した時代であった。大衆社会の性質については、さまざまな角度から論じられるが、伝統的な共同体や階級の解体、産業化の進展などと結びついている。伝統的なイスラーム社会は、職業ギルド[10](同業者組合)やスーフィー(イスラーム神秘主義)教団[11]、ウラマー(イスラーム法学者)やモスクのネットワークなどによって構成されていた。しかし、二十世紀になると、伝統的なイスラーム社会はそれらの経済基盤とともに解体してゆき、産業化や都市化の進展とともに大衆社会が成立した。

十九世紀以降のエジプトでは、農村から都市への人口移動が顕著となった。この背景には、エジプトが綿花輸出国として資本主義世界市場に組み込まれた結果、国内で商品・貨幣経済が浸透し、それまでの農村における自給自足経済が破壊されたことがあげられる。また、ムハンマド・アリーの定めた土地国有化政策は時代とともに変更され、やがて個人の土地所有が認められることとなった。この結果、地主層への土地集中が進んだ。二十世紀初頭、全土地所有者中の一%が全耕作地の五〇%を有していたともいわれる。農村生活

[10] 同業の商人や職人からなる職業団体で，生産・品質・価格の管理や構成員間の相互扶助を担った。
[11] 12～13世紀以降のイスラーム世界で，聖者信仰などを中心に民衆を広く組織した団体。シャイフ(導師)のもとで，真理すなわち神そのものとの合一をめざして，各教団独自の修行がおこなわれる。現代イスラーム社会でも，多数のメンバーを要する教団がいくつも存在する。

は困窮し、多くの農民が土地を失い、仕事を求めてカイロなどの都市部へ移った。

移住した人の多くは、都市の労働者となった。当時、カイロなど大都市では、近代化とともに、建設業・輸送業・小売業などの新たな雇用機会が発生していた。行政制度整備により公務員の数も増加した。第一次世界大戦以降は、ミスル・グループ[12]など民族資本系企業によって輸入代替工業が急速に発達した。とくに繊維産業の発達が顕著であった。各地に工場が建設され、多数の労働者が雇用された。また、二十世紀初めにはカイロやアレキサンドリアで路面電車が運行され、一九三〇年代には公共バスが走るなど、新しい制度や施設が導入された。

こうした産業化・近代化は、伝統的なイスラーム社会を支えたギルドに大きな打撃を与えた。近代以前、同業の職人・商人たちは、都市の市場の一角などに集まって徒弟制度（親方―職人―徒弟）を組み、排他的な同職集団を形成していた。特定のスーフィー教団と緊密な関係をもつギルドもあり、教団の財政を支えていたという。しかし、十九～二十世紀前半、安価な外国製品の流入、伝統的産業の衰退、移住者増加による都市の変容により、ギルドはしだいに衰えた。同時にスーフィー教団も伝統的な経済基盤を喪失することとなった。

近代化政策の一環として、教育改革もおこなわれた。近代以前のエジプトでは、アズハ

12 タルアト・ハルブ（1867 ～ 1941）を創設者とする民族資本企業グループ。戦間期のエジプトで，ミスル銀行を中核に幅広いビジネスを展開した。

ル機構[13]を頂点に、マドラサ[14]やクッターブ[15]におけるイスラーム教育が中心となっていた。しかし、十九世紀前半に医学学校や外国語学校などの専門学校、一八七一年には教員育成の師範学校としてダール・アル・ウルームが建校された。一九二二年の独立以降は、教育制度改革が着実に進んだ。例えば、初等義務教育が一九二五年に施行され、人びとの教育機会が拡大した。高等教育にかんしては、一九〇八年、近代教育を目的に私立大学が設立され、二五年には現カイロ大学[16]の前身となる国立大学に改編された。このように、伝統的なイスラーム的教育機関のほかに、近代的な新式の教育機関が多数誕生し、それらはやがて主流となった。また、近代教育の発達によって、多数の学生が誕生した時代でもあった。

二十世紀前半は、大衆政治興隆の時代でもあった。それまでの人びとの抵抗表現は農民反乱や都市騒擾《そうじょう》であった。しかし、主体としての学生とデモなど街頭行動の登場により、それは組織化された大衆運動に変わってゆく。一九一九年革命においても、都市の学生や労働者がデモやストライキなどで中心的役割をはたした。また、一九二二年の独立後、立憲君主制を定める一九二三年憲法が施行された。一九二四年、男子普通選挙制による議会選挙がおこなわれ、大衆の投票が政治を左右する時代が到来した。彼らの圧倒的支持を集めたワフド党[17]は、一九二四、二五、二六、二九年の選挙で大勝利をおさめ、二〇年代のエジプト政治を席巻した。

13 970年にカイロに建設されたモスクから発展した，イスラーム世界を代表するイスラーム学術・教育機構。モスク，ウラマー組織，大学，中・高校，法学委員会，教導組織，出版局などを包含する。

14 イスラーム伝統諸学を教授する寄宿制の教育施設。

15 クルアーン（コーラン）教育を中心に，読み書きなどを教授する初等教育施設。

16 現在のエジプトで最高学府とされる国立大学。2009年現在，20万人以上の学生が学んでいる。

17 エジプト立憲君主制期の民族主義政党で，大衆の広範な支持を受けた。1919年革命で活躍したザグルールが初代党首（在任1924～27）を務めた。1952年のエジプト革命後に解散させられたが，70年代後半に新ワフド党として再結成された。

二十世紀前半は、まさにエジプトの新しい時代の到来であり、大衆社会のなかで同胞団は誕生したのである。

イスラーム復興の中心地としてのエジプト

本書冒頭で述べたように、ムスリム同胞団はイスラームの教えにもとづいて社会や政治の改革をめざす運動である。では、彼らがもとづくイスラームの教えとはなんであろうか。結論をさきにいえば、『マナール』という雑誌に集った先達たちの思想を、同胞団は引き継ぎ、発展させたのである。本項では、この先達たちの思想についてみてゆきたい。

近代西洋との出会いのあと、イスラーム世界が西洋諸国の支配下におかれたことはすでに説明したとおりである。こうしたイスラーム国家の崩壊と植民地化によって、社会においてイスラームの教えが実践されなくなるという事態が起きた。それまでのイスラームの歴史では、いかに強大な権力を握った圧政者であっても、社会がイスラーム的価値によって規定されている以上、ムスリムである為政者はその価値観の否定はできなかった。しかし、西洋列強の植民地支配は、社会のあり方を規定してきたイスラーム的価値そのものを否定するものであった。イスラーム世界に未曾有の危機が訪れたのである。

この危機にたいして、イスラームを改革することにより、イスラーム世界が直面する危

18 1857年のインド人傭兵（セポイ，シパーヒー）の反乱を契機とする反英反乱で，一時イギリスの支配を麻痺させたが，翌年には鎮圧された。乱後，ムガル皇帝は廃位され，東インド会社も解散となり，インドはイギリスの直轄植民地にされた。

19 イギリス人によるタバコ専売権取得に反対してイランで起こった民族主義運動。

機克服と復興をめざす人びとが登場した。代表的な人物としては、ジャマールッディーン・アフガーニー、ムハンマド・アブドゥ、ラシード・リダーである。

アフガーニーは、イスラーム改革の先駆者として位置づけられる。大反乱[18]（一七五七〜五八年）前後にインドを訪れた彼は、イギリスによる植民地支配の惨状に衝撃を受け、西洋列強の帝国主義に強い危機感をいだいた。その後の彼の人生は、イスラーム世界各地を遍歴し、人びとに覚醒を訴えかけることに費やされた。彼は、イスラーム世界が連帯して西洋列強に対抗することの必要を説き、アラービー運動やイランのタバコ・ボイコット運動[19]（一八九一〜九二年）などの反植民地闘争に参加した。

アフガーニーの足跡は、遠くヨーロッパ諸国にもおよんだ。パリ滞在中の一八八三〜八四年には、エジプト人の弟子アブドゥとともに、『固き絆』という雑誌を刊行している。西洋列強の侵略に対抗するためにイスラーム世界の連帯を訴えるこの雑誌は、イスラーム世界各地に配布され、多くの読者に影響を与えた。当時シリアに暮らしていたリダーも、そのうちの一人である。感銘を受けた彼は、アフガーニーへの弟子入りを

▲ジャマールッディーン・アフガーニー（1838/9〜97）　西洋列強によるイスラーム世界の侵略に対抗すべく，イスラーム改革を広く訴えかけた。1897年にイスタンブルで客死。

▲ムハンマド・アブドゥ（1849〜1905）　アズハル在学中にアフガーニーに出会い，師事する。アラービー運動に関与し，国外追放処分とされた。エジプト帰国後は，アズハル改革に努めた。

▲ラシード・リダー（1865〜1935）　アフガーニー以来のイスラーム改革思想を法学的に理論化し，後代のイスラーム復興運動にも多大な影響を与えた。

切望したが、それが実現する前にアフガーニーは死去した。この報を受けたリダーは、アフガーニーの高弟アブドゥに弟子入りするため、カイロへ移住した。その後、カイロはイスラーム復興の一大中心地となる。

リダーはカイロ移住直後の一八九八年、『固き絆』の思想を継承する『マナール』(灯台)を刊行した。リダーは死去する一九三五年まで、この雑誌の執筆を続けた。この雑誌は総計三万頁にもおよび、イスラーム世界各地で読まれた。その内容は、近代的なイスラームの解釈、時代に適応したイスラーム法[20]の解釈などが中心となっている。そこでは、啓示と理性の調和、イスラームと近代文明の調和を説いたアブドゥの理念が、リダーへと受け継がれている。なお、この雑誌に集った人びとを「マナール派」とも呼ぶ。

マナール派が重視したのは、イスラームを本来の姿にもどすことであった。すなわち、伝統的イスラームは、長い歴史のなかで本来的要素以外のものが付加され、それがイスラーム世界衰退の原因となっている。ゆえに、不純な要素を排除し、本来のイスラームに立ち返ることで、現代におけるイスラームの復興とイスラーム世界の再生も可能となる。このさい、イスラームの初期世代である「サラフ」[21]のイスラームにもどることが基本理念となったため、彼らは「サラフィー主義」とも呼ばれる。サラフの時代に立ち返った純粋なイスラームには、近代文明との調和も可能であると主張された。

[20] イスラームでは，唯一の立法者は神とされ，神の意志・命令は啓典クルアーンに示されている。なにか新しい事態に対処する必要が生じたとき，日本では立法機関(国会)で必要な法がつくられる。一方，イスラームでは，立法者である神の意志・命令が示されたクルアーンをもとに，必要な解釈をおこなって新しい事態に対処する。この解釈をおこなうのが，ウラマー(イスラーム法学者)である。なお，預言者ムハンマドの言行録(スンナ)も，クルアーンにつぐ典拠として認められている。

[21] イスラーム初期の世代のムスリム。通常，預言者ムハンマドの教友である第一世代以降の第三世代までを指す。逸脱のない純粋なイスラームを実践した世代として，後代の模範とされる。

しかし、『マナール』誌がカイロで刊行されていた当時は、彼らにとって順境の時代ではなかった。オスマン帝国は解体し、カリフ制は廃止され、各地で欧化主義が興隆をむかえていた。この逆境の時代に、『マナール』はイスラーム世界の闇夜を照らす「灯台」として、ねばり強く改革の一条の光を灯しつづけた。この光に引き寄せられ、多くの若者がカイロのリダーを訪れたという。そんな若者の一人が、同胞団創設者ハサン・バンナーであった。

第2章　ムスリム同胞団の誕生

ハサン・バンナー

　ガラベーヤと呼ばれる服装をご存知だろうか。写真にあるように、ワンピースのようなエジプトの伝統的な服で、足首あたりまでの丈があり、長袖である。現在のエジプトでもふつうに着られている。さらにターバンを頭に巻く者もいる。二〇〇〇年夏、はじめてエジプトを訪れたさいに、筆者もこれをよく着た。あまりの暑さに参り、少しでも涼しい格好をと買い求めたのだが、足もとが結構涼しく、重宝したのを覚えている。残念ながら、泊っていた安宿のダニが大量についたため、泣く泣くそのガラベーヤはおいて帰った。

　つぎに、同胞団創設者ハサン・バンナーの写真をご覧いただきたい。背広にネクタイを着用している。頭にはタルブーシュ帽（トルコ帽）をかぶっている。伝統的なガラベーヤではない。彼の服装は、近代教育を受けて西洋の文

▲ハサン・バンナー

▶ガラベーヤ

化・生活様式になじんだエフェンディーと呼ばれた当時の都市知識人のファッションである。もちろん、彼は洋服ばかりを着ていたわけではなく、ガラベーヤも着ていた。重要なのは、バンナーが西洋文明の所産である洋服を否定することなく、受け入れて着用していることである。洋服を着たイスラーム復興運動指導者という彼の姿には、イスラームと近代文明は相容れないものではないとする彼の認識があらわれている。彼のこのような思考には、その生い立ちも関係していたようだ。

バンナーはナイル・デルタのマフムーディーヤの町に、時計職人アフマドの長男として誕生した。父アフマドは、かつてはアブドゥの薫陶を受けたとされる。幼少時のバンナーは父や村のモスクのイマーム(導師)から、基礎的なイスラーム教育を受けて育った。十二歳になったバンナーは、公立学校に入学する。学校では学業に励むとともに、イスラーム的道徳心の向上をめざす団体に加入するなど、活発な生徒であったという。

彼のイスラームへの関心は、スーフィー教団にも向き、ブハイラ県の県庁所在地ダマンフールを本拠地とするハサーフィー教団に加入した。バンナーは後年、神秘主義や伝統的なイスラームにあきたらなくなり、新しい大衆運

▲演説中のバンナー(右)

動を創設するが、教団での体験は彼の組織感覚を育てるのに貢献したようである。バンナーが思春期のころ、エジプトでは一九一九年革命が勃発し、反英独立の抗議運動が全土で沸き起こった。独立を希求する民族主義が高揚するなか、バンナーも街頭デモに参加し、祖国愛をテーマとする詩をつくっている。

一九二三年、ダール・アル・ウルーム入学のためにバンナーはカイロへ移った。ダール・アル・ウルームとは日本語では「諸科学の館」の意味で、一八七一年に近代化政策の一環として設立された高等師範学校であり、新式の近代教育のパイオニアでもあった。在学中、彼はサラフィー主義にふれ、大きな影響を受けた。サラフィー主義にはいくつかの潮流があるが、彼がふれたのは先述のアブドゥやリダーらのサラフィー主義であった。当時のリダーは、『マナール』誌の主筆を務めるかたわら、青年層の教育にも力をそそいでいた。バンナーも彼の講義を聴講したり、個人的にリダーを訪問したりしていた。

一九二七年、バンナーはいよいよイスラーム復興運動に参加する。それは、ムスリム青年協会(YMMA)設立へのかかわりであった。この協会はサラフィー主義運動の一翼を担っており、青年を主体に、西洋文化の流入やキリスト教布教活動への反対運動、イスラーム教育の実施やムスリムの道徳心向上をめざした。バンナーは創設メンバーと交友関係をもっており、設立にかんしてはその一員として大きな貢献をした。だが、彼はこの協会が思想的深みを欠くと考えたようだ。政治性は薄く、イギリスの植民地支配と戦う観点も弱いと、バンナーにはみえたようである。

バンナーは青年協会にかかわるだけでなく、独自の活動を開始していた。彼は広く社会の大衆に訴えかけるために、カフェ(二二頁コラム参照)での説法を始めたのである。彼の友人たちは、カフェにくるような人びとへの訴えかけは無意味だと反対したが、バンナーは在学中、この「カフェ説法」を続けたとされる。彼は一日に二〇ものカフェをまわった。一カ所での説法は五～一〇分ほどで、聴衆との質疑応答もおこなわれたという。バンナーはイスラームの危機を聴衆に説いた。わずか数年前にオスマン帝国は崩壊し、イスラーム世界の象徴であったカリフ制[22]も廃止された。彼はまた祖国愛を説いた。祖国が外国人の支配から解放されねばならないと訴えた。彼の説法は、当時イギリスの支配下にあった聴衆に、実感として共有されたのであった。

ムスリム同胞団の創設と発展

一九二七年、二十一歳のバンナーはダール・アル・ウルームを卒業した。学費捻出のために母が貴金属を売却するなど、苦しい経済状況のなかでの卒業だったといわれる。卒業後、彼は小学校のアラビア語教師としてイスマーイーリーヤに赴任する。この町はスエズ

[22] カリフを首長とするイスラームのウンマ(イスラーム共同体)の統治制度。カリフは，代理人，後継者の意味。預言者ムハンマドの死後，ウンマの最高指導者の地位を継いだアブー・バクルが，「アッラーの使徒の代理人(または後継者)」を名乗ってから，ウンマの代表者をカリフと呼ぶようになった。

Column #01

エジプトのカフェ

筆者は、二〇〇三年から一年あまりをカイロで過ごした。同胞団についての現地調査をすることが第一の目的であったが、同時にアラビア語の特訓も目的の一つであった。筆者は個人レッスンでアラビア語の勉強をした。先生の名はハーリド君といい、アズハルに学びウラマーをめざす学生であった。彼の師事するアリー・グムア先生は共和国ムフティー(イスラームの法規定に関する権威ある見解を出すウラマー)を務める高位のウラマーで、金曜日を除く毎朝七時半から、アズハル・モスクの一室で一般向けの公開講義をおこなっていた。筆者も毎朝早起きをして、ハーリド君と一緒にもぐり込んだ。

講義が終わったあと、よく彼と近くのカフェでお茶を飲みつつ、世間話を楽しんだことを思い出す。筆者はいつも生ミントの葉がそえられている紅茶(ない場合はふつうの紅茶)を頼んだ。コーヒーもあるが、紅茶を頼む人が多い。カフェを見回すと、バックギャモンなど卓上ゲームに興じる者、会話に熱中する者、水タバコを楽しむ者などさまざまである。客層は男性がほとんどで、これは昔からカフェは男性の社交場と考えられているためである。また、雨の少ないエジプトの気候を活かし、椅子とテーブルが屋外へせり出しているカフェも多い。最近は日本でも店外にある露天の椅子に座ってお茶を飲む姿を見かけるが、エジプトではそれよりも堂々とせり出しており、われわれに開放感を与える。

バンナーがカフェで説法をおこなうためには、このカフェの開放感が不可欠だったであろう。現在のカフェでも、モノ売りや靴磨きなど色々な人がカフェに出入りする。バンナーも彼らのように、カフェの椅子に座る人びとへ近づき、そして説法をおこなったのかもしれない。屋内の閉ざされた空間では、部外者が突然あらわれて話をするというのは、やはり難しい。また、カフェでのんびりと数時間を過ごす者も少なくない。筆者も最長で四時間ほどカフェにいたことがあるが、しだいにやることもつきてくる。そんなときに、興味深い話をしてくれる人というのはなかなかに重宝するものである。

社交場としての顔をもつカフェであるが、最近では衛星放送やネットカフェの普及によって、やってくる若者の数が減りつづけているらしい。また、近年の経済成長のなかで、日本にもあるような外国資本のカフェにかよう人びとも増えていると聞く。グローバル化の進むなかで、エジプトのカフェも変化の時期をむかえているのかもしれない。

▲カイロのフサイン広場に面したカフェ　ラマダーン(断食月)中の撮影のため、日没後の食事を楽しむ客に対応できるよう，ふだんよりテーブルの数が多い。

運河の中央部分に位置しており、イギリスが所有する運河会社の本部がおかれていた。当時の運河地帯にはイギリス軍が駐留しており、この町もその直接支配下にあった。バンナーは赴任後まもなく、カイロ時代と同じように、勤めを終えた自由時間を利用してカフェでの説法を開始した。彼の説法はイギリスの直接統治下にあるイスマーイーリーヤの人びとの共感をえるところとなり、聴衆たちは熱心に彼の話に聞き入った。カフェのオーナーたちは、客寄せのために競って彼を自分のカフェにまねいたという。

一九二八年、イスマーイーリーヤのモスクでの説法を終えたバンナーのもとを、六人の熱心な信奉者が訪れた。バンナーの自伝によれば、彼らはバンナーに「自分たちの指導者になってほしい」と依頼したとされる。喜んだバンナーは、彼らの意思を確かめ、彼らとともに「神の道」に励むことを誓い、「イスラームのために奉仕するムスリムの同胞たち」(イフワーン)であること確認し、組織名を「ムスリム同胞団」(アル・イフワーン・アル・ムスリムーン)と決めたのである。この創設の逸話は現在の同胞団においても繰り返し語られており、筆者も同胞団メンバーとのインタビューのさい、彼らから熱心な語りをよく聞かされる。創設直後の同胞団は、イスマーイーリーヤに本部をおき、スエズ運河地帯を中心に活動を展開した。モスクの建設・運営、そこでの説教や教育活動が、おもな活動であった。

一九三二年、バンナーはカイロへ転勤することとなった。同胞団指導者としての人気の高まりを危惧して教育省が転勤を命じたとする説もあるが、そうであるならば、むしろこの転勤は同胞団の発展に寄与することとなった。バンナーの弟アブドゥッラフマーンは当時のカイロで「イスラーム文化協会」という組織を運営していた。同胞団はこの協会と合併し、本部をカイロへ移転した。これ以降、同胞団はカイロを拠点にエジプト国内につぎつぎと支部を設立し、全国規模の組織展開をおこなってゆく。他のイスラーム運動がほとんど無視していた上エジプト(ナイル渓谷上流部)にも進出し、一九三〇年代後半以降は、ミンヤーやアシュートなどに多数の支部を設立した。バンナー自身もしばしば地方訪問をおこなうなど、地方部での組織拡大のために精力的な活動をおこなった。

一九四〇年代末には、当時人口約二〇〇〇万のエジプトにおいて、およそ二〇〇〇の支部、五〇万のメンバーおよび同数の支持者を有する同国最大のイスラーム運動かつ政治社会結社となったとされる。同胞団は、農村部にも広がった点で他の運動とは異なる支持基盤をもったが、政治運動に発展する力をもったのは都市における動員力ゆえであり、主要基盤は都市部にあった。また、その拡大はエジプト国内のみにとどまらず、一九四〇〜五〇年代に、シリア、レバノン、パレスチナ、ヨルダン、スーダンなど周辺諸国で支部が設立された。

つぎに、同胞団の組織構造にかんして、二十世紀前半の同胞団について詳しいムハンマド・シャウキー・ザキー著『ムスリム同胞団とエジプト社会』を参考にみてゆこう。下図の組織図は、「ムスリム同胞団基本規定」(一九四五年)という内規にもとづくものである。現在の同胞団でも基本的な組織構造はほぼ同じであるらしい。一見してわかるように、最高指導者を中心に、中央集権的なヒエラルキーを有する組織構造となっており、その末端は地方にまでいたっている。ヒエラルキー構造をもつ組織の代表例といえば、軍隊や官僚組織がよくあげられる。指揮・命令系統を指導部から下部へ伝達するうえで有利な構造である。この組織図をみた筆者の研究仲間の一人は、まるで革命政党のようだと指摘した。また、バンナーが所属していたスーフィー教団の組織方法

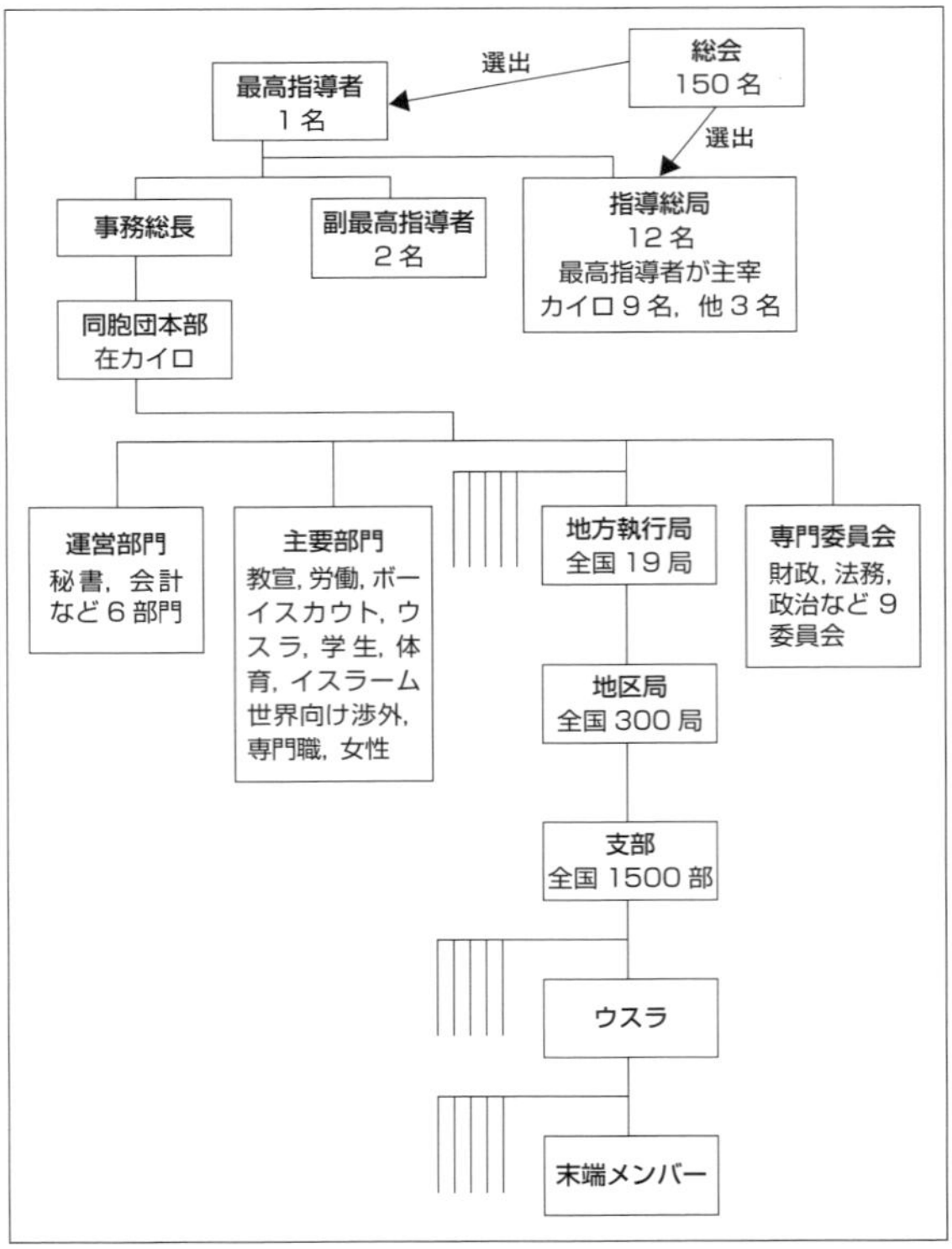

▶同胞団の組織構造

が同胞団の組織化に活用されたとする研究もある。スーフィー教団の多くでは、シャイフ(導師)を頂点として教団メンバーの階層化・組織化がみられるという。

組織図のなかにウスラ(アラビア語で「家族」を意味する)という聞き慣れない組織単位があるが、この単位はメンバー組織化の基礎となった。ウスラ制度の開始には諸説があるが、一九四〇年代前半に始まったようである。メンバー五名(一〇名とする研究もある)によって、一つのウスラが組織された。各ウスラではリーダーが選出され、クルアーンやバンナー著作などの勉強会、キャンプ、合同礼拝などの活動を日々おこなった。本当の家族のような同胞意識をはぐくむためにこの名がつけられたともいわれる。

同胞団のダアワ

ムスリム同胞団は、イスラームの教えにもとづいて社会・政治の変革をめざす運動である。運動である以上、明確な目標や理念が必要であり、それを実現するための活動方針も必要となる。ただ静観しているだけでは、問題はなにも解決しない。

二十世紀前半の同胞団では、創設者であり初代最高指導者でもあるバンナーが組織の理念や基本的な活動方針を示していた。同胞団の最高指導者であった彼は組織活動に忙しく、大部の著作などはいっさい残していないが、メンバーに向けた小冊子は数多く作成した。

イスラーム的社会改革を説く論考、イスラームと政治や経済の関係を説明する論考などは、いずれもメンバーに活動の指針を与えるものであった。彼の思想がどのように発展したかは、これらの著作の主題や内容の展開から知ることができる。

バンナー思想の最大の特徴は、前章で紹介したマナール派のイスラーム復興思想を、大衆運動の次元に展開した点にあるとされる。リダーらマナール派は、イスラーム改革の思想を示した。しかし、それを実現する方法としては、教育の重要性を説くにとどまった。リダーが設立した「ダアワ・イルシャード(教宣・指導)学院」では、イスラーム改革のための教育がめざされたが、それは知的エリートの創出が目的であった。イスラーム改革にかんする教育をおさめた知識人が指導的役割を務めるという構想である。しかし、二十世紀前半は大衆社会の時代であった。リダーのエリート志向的な構想は、彼の思想を実践するための大衆的な基盤や組織を形成することを目的としなかった。そのため、彼の活動は大衆社会に適切に対応できず、知識人サークルのなかで止まってしまった。

リダーと異なり、バンナーは大衆社会に育った新世代であった。リダーがウラマーになるために伝統的なイスラーム教育をおさめたのにたいして、彼は教師になるために新式の師範学校を卒業した点にも、それはあらわれている。バンナーが時代状況を十分に理解していたことが、彼の成功の一因であろう。彼は、イスラームを復興することの必要性を大衆に向けて語りかけ、そして同胞団でともにそれを実行しようと訴えた。これは、大衆に向けられた教宣であり、同胞団ではこうした呼びかけを「ダアワ」(「呼びかけ」の意)と呼んでいる。バンナーが学生時代からおこなってきたカフェ説法も、ダアワの一環であった。

バンナーは『マナール』から思想的な影響を受けたが、イスラーム復興の必要性についてはるかにわかりやすい言葉で大衆に語りかけた。彼のこの姿勢は、学校教師という彼の職業と無縁ではなさそうである。あらゆる科目について生徒たちにいかにわからせるか、良き教師は日夜工夫に励むものである。優れた教師は、優れた語り手でなくてはならない。組織者としてのバンナーも、そのような顔をしばしばみせている。

バンナー思想

バンナー思想は、現在にいたるまで同胞団の基本指針となっている。彼の思想における重要な理念は、行動主義、段階主義、包括主義である。これらの理念は彼の著作にしばしば登場する。以下、少々難しいが、彼の論考にそって具体的にみてゆこう。

バンナーは、イスラーム世界のおかれている危機的状況について、大衆にたいして平易に語った。西洋の支配はイスラーム諸国のあらゆる分野におよび、西洋諸国はイスラームで禁じられているアルコール・利子・売春・無神論などの悪習を持ち込んだと、彼は訴えた。また、エジプトの行政・司法・教育などは西洋諸国の望むように変更されているとも訴えた。これらは、いずれも当時のエジプト人にとって、具体的なイメージを喚起する現実的な「脅威」である。この西洋支配によりもたらされたイスラーム世界の危機、それにともない社会が直面するさまざまな病弊こそが、同胞団が改革すべき問題であった。バンナーは、イスラームの教えを正しく実践することによってのみ、それらを克服できると唱えた。ここには、イギリス支配からの祖国解放という重要な目標が示されている。

バンナーは人びとにイスラーム復興のために、実際に行動をとることの必要を説いた。行動主義は、バンナー思想の重要理念の一つである。彼の論考「われわれのダアワ」は、つぎのように述べる。

> われわれ〔同胞団〕のダアワを信じ、われわれの言葉を確信し、われわれの諸原則に感銘し、そのなかに善をみるような者にたいして、急いでわれわれとともに行動することを呼びかける。ジハード〔一般的には「聖戦」と訳される〕に励む者をふやし、ダアワをおこなう者の声を高らかにするためである。行動をともなわない信仰には、まったく意味がない。また、いかなる信念も、信念をもつ者にその実現を促し、自己犠牲をはらわせなければ、有用ではない。

しかし、人びとはここで壁にぶつかるであろう。イスラーム復興のための行動の必要性を理解できても、はたして具体的にはどうすればよいのかと。伝統的イスラームの解体のなかで、かつてのようにギルドなどに依拠しながら、イスラームの教えに従って生活することはもはや困難である。ここで、教師バンナーの優れた才能が発揮される。彼は、いわば教師が生徒を学校に導くがごとく、人びとをイスラームに奉仕するための場所に導いたのである。それこそが、彼の創設した同胞団という運動組織であった。彼は、同胞団の諸活動をつうじて、イスラーム復興を同胞である大衆とともに実践しようとした。

そして、バンナーは、「その思想が真にイスラーム的である」と彼が考える同胞団の活動に参加することで、イスラームの復興に貢献できると唱えた。バンナーは論考「青年へ」で、つぎのように述べている。

もし、諸君がわれわれの思想を信じ、われわれの歩みに従い、われわれとともに正しきイスラームのために進み、われわれの唱えるもの以外の思想を放棄し、信仰のためにすべての努力を捧げるならば、それは諸君にとって現世と来世における善になるであろう。

では、イスラームの教えを実践するためには、どのように進めればよいのであろうか。実力行使の奪権により同胞団の政府を打ち立てるのか、それとも自分たちの身のまわりから改革を進めてゆくのか。バンナーは後者を選択した。バンナーは、「個人から、家庭、社会へ」と段階的に、イスラーム復興を実現してゆくことをしばしば主張した。論考「青年へ」における関係箇所をみてみよう。

①まずわれわれは、正しい信仰をもつムスリム個人を形成する。

②つぎにわれわれは、正しい信仰をもつムスリム家庭を形成する。

③つぎにわれわれは、正しい信仰をもつムスリム民衆を形成する。

④つぎにわれわれは、正しい信仰にもとづくムスリム政府を希求する。われわれは、イスラーム的な統治制度の復活と、これに従うイスラーム政府の形成に尽力する。

⑤つぎにわれわれは、イスラームの祖国のあらゆる箇所とかたく結束することを希求する。現在、イスラーム世界は、西洋列強により分割、抑圧、破壊されている。われわれは、その自由、解放、救済、相互連帯に尽力する。

ここでは、バンナー思想の重要理念である段階主義を指摘できる。学校において学年ごとに学習を進めてゆくように、その改革は段階的に進められる。また、イスラームが社会的な力を回復するためには、一人一人の大衆にたいして、イスラーム復興の必要性をダアワによって訴えることから始めなければならない。

また、同胞団はしばしば政治組織として論じられるが、実際には、次項で紹介するように多様な活動を展開した。創設当初から、イスラームを社会全体で包括的に実践しようとする姿勢をとっていたのだ。バンナーは、「イスラームはこの世のすべての諸相を対象とする包括的なシステムである」と繰り返し、イスラームの教えを社会全体に適用することの必要性を説いた。そこには、バンナー思想の重要理念である包括主義を見出せる。

一九三九年の同胞団第五回総会は組織的力量も充実した段階で開催されたが、そこでバンナーは同胞団をつぎのように定義している。すなわち、①イスラームの原典に回帰する「サラフィー主義のダアワ」、②預言者ムハンマドのスンナにすべてを立脚する「スンナの道」、③内面の浄化をめざす「スーフィーの真理」、④ウンマ(イスラーム共同体)の統治・外交の改革を希求する「政治組織」、⑤責務にたえうる強健な肉体を創出する「スポーツクラブ」、⑥知識と学習を推進する「知的・文化的団体」、⑦正しい財の活用をめざす「経済的企業」、⑧イスラーム社会の病弊を解消し、ウンマの快癒をめざす「社会思想」、である。これをみると、同胞団の活動にはなんでもありのように思えてくる。実際に、彼らはさまざまな活動へと積極的に乗り出し、社会のいたるところでイスラームの教えを実践しようと励んだのであった。

二十世紀前半のムスリム同胞団の諸活動

バンナーの思想には、彼の教師としての性格がよく反映されている。彼は、教師が生徒にわかりやすい授業をするように、人びとに平易に語りかけた。教師が生徒を学校に導くように人びとを同胞団へ呼びかけ、学年ごとに学習を進めるように段階的なイスラーム復興をめざした。本項で紹介する同胞団の諸活動を、筆者は学校の教室のようなものと考えている。筆者がかよった学校の授業は、一つの教室だけではおこなわれなかった。そこには、体育館もあれば理科室や音楽室もあった。目的に応じて教室を使い分けて学習がおこなわれた。学校にさまざまな教室があるように、バンナー期の同胞団には多種多様な活動が存在した。多様な活動のなかで、メンバーたちはおのおのに合った活動に励んだ。行動のための思想を語り、行動のための場をつくりだす。これがバンナー思想の特徴である。具体的な活動の一部をみてみよう。

モスク運営や教育活動などは、同胞団以外のイスラーム復興運動組織も実施しており、同胞団もその重要性を認識していた。創設直後の同胞団がモスクと学校の建設をおこなったことはすでに述べた。一九三二年のカイロ移転後も、同胞団はモスクの建設・運営を積極的におこない、イマーム(礼拝の導師)や説教師の派遣をおこなった。また、教育活動は同胞団がもっとも力をそそいだ活動の一つであり、人材育成のためにも重視された。識字学校(当時の用語では「文盲撲滅学校」)、イスラームの休日に開校される金曜学校、クルアーン暗誦学校、幼稚園などのほかに、一般向けの講演も開催されていた。学校の規模はそれぞれ異なるが、カイロ市内のアッバースィーヤという地区で開設された夜間学校では約六〇〇名が受講するなど、多くが盛況を博したようである。

次世代育成という点から、大学など教育機関で学生の組織化もおこなわれた。同胞として組織化された学生は、デモなどの街頭行動でも大きな役割をはたした。また、イスラームと祖国に貢献する身体強化と精神教育をおもな目的に、ボーイスカウト活動もおこなわれており、一九四七年末には七万人をこえる加入者がいたという。サッカー、バスケットボール、水泳などのスポーツクラブも盛んであり、青少年の身体強化がめざされた。

新聞、雑誌、小冊子などの出版活動は、ダアワを広めるための手段として重視された。バンナーは雑誌・新聞・ラジオなどにより情報伝達が多様化したと考え、それらを活用してダアワをおこなうことの必要性を述べている。一九三五年にはリダーなきあとの『マナール』誌を買い取り、数年間にわたって刊行を継続した。その他の雑誌としては、一九三三年に『ムスリム同胞団』、三七年に『警告者』が刊行された。雑誌や新聞など西洋近代の産物を、バンナーがダアワの手段として積極的に採用している点が興味深い。

同胞団は、社会問題への取り組みの一環として、労働組合の組織化にも取り

▶『ムスリム同胞団』

組んだ。路面電車など交通機関、繊維業、煙草製造業、製油業などを中心に大きな影響力を有したという。また、就職斡旋《あっせん》などの失業者対策や労働権拡大運動などもおこなわれた。農村部での活動としては、農村でのモスク・診療所・共同墓地建設や教育活動、農作業の効率化などの取り組みがなされた。貧困対策としては、困窮家庭への金銭的援助や、相互扶助組織の設立・運営もおこなわれた。廉価で良質な医療サービスの提供を目的に、診療所や病院の設立・運営がおこなわれた。また、同胞団は会社経営にも乗り出し、七つの企業を経営した。[23]企業経営をつうじて、エジプト民族資本による経済強化がはかられたとされる。また、これら企業の収益の二・五%が同胞団に納付され、組織の自主財政基盤の強化にも役立ったようである。

女性の地位向上のための活動も、一九三〇年代から実施されていた。一九四八年には、エジプト全土に五〇の支部と五〇〇〇人のメンバーを数えたという。一九四九年に同胞団に加入したザイナブ・ガザーリー[24]は、同胞団の女性活動の中心的人物となった。クルアーンにもとづく女性の諸権利が主張され、講演の開催、女性学校の設立などもおこなわれた。同胞団では、女性の家庭での役割が重視されていた。家庭を守るよき妻であり、子供を正しく教育するよき母であることが、女性の理想像とされた。

第五回総会でバンナーが「政治組織」と同胞団を定義したとおり、政治活動もおこなわ

[23] イスラーム商事会社，アラブ鉱業採石会社，ムスリム同胞団紡績繊維会社，イスラーム日刊紙出版社，アレキサンドリア商業エンジニアリング会社，商事代行会社，アラブ広告会社の7企業。

[24] ザイナブ・ガザーリー（1917～2005）は，エジプトでもっとも著名な女性イスラーム活動家。世俗主義的なフェミニズム運動にあきたらず，1937年にムスリマ女性協会を設立し，同胞団と連携した。1949年に個人として同胞団に加入。

れた。イスラーム法にもとづく統治はイスラームにおける要請であり、その実現のために行動が必要と考えられた。また、一九四一年の第六回総会では、同胞団の議会選挙参加の可能性が示唆された。この事態に危機感を覚えたワフド党党首ムスタファー・ナッハースは、選挙参加を撤回させる交換条件として、アルコール、売春、賭博の規制案を受け入れたという。その後も、同胞団内で政治活動の比重は高まりつづけた。一九四五年議会選挙ではバンナーら数名が立候補したが、全員が落選した。同胞団は選挙不正を訴えたが、結果は変わらなかった。

　多様な活動を背景に、バンナーは、「その思想が真にイスラーム的である」同胞団がおこなう活動に参加することでだれでもイスラーム復興に貢献できると、人びとにたいして具体的に示した。企業活動やスポーツクラブなどの多様な活動のなかに、イスラームに奉仕するための回路が示されている。実のところ、同胞団に加入することで大衆が結果的にえられる二次的な「利益」もあった。具体的には、失業中の同胞団メンバーへの就職

◀**ムスタファー・ナッハース**（1879〜1965）
エジプトのワフド党第二代党首。ザグルール死後のワフド党を指導した。

▶**ザイナブ・ガザーリー『わが人生の日々』**

幹旋や若いメンバーが加入できるスポーツクラブなどである。メンバーとしての「同胞的」な交友関係も人によっては重要な利益であった。もちろん、同胞団ではそのような利益は、明言されない。しかし、結果的には現実的な利益をえられる回路が示されていたことは、注目に値する。これは大衆を引きつける力をもっており、同胞団の大衆動員を促進する一因となった。

バンナー思想は、伝統的イスラームの解体状況のなかで、「今の時代にイスラーム的であることはなにか」という代替案を示した点に特徴がある。イギリスによるエジプト支配、最後のイスラーム帝国であるオスマン朝の敗北（第一次世界大戦）と解体、イスラーム的アイデンティティの動揺など、当時は、「ムスリムとして生きる」ことがどういうことで、「イスラーム的社会」がなんであるのかが、混迷しつつあった。バンナーはそうした時代において、明確で力強く語られる代替案を示した。それに呼応することで、困惑のなかにいた大衆も人生の意義を明確に理解した「同胞」となったのである。

同胞団におけるジハード

筆者が大学の授業でジハードについてどのような印象をもっているかとたずねると、学生の多くからは、「テロ、戦争、自爆」といった暴力のイメージをともなう回答が返ってくる。二〇〇一年の米国同時多発テロ事件(九・一一事件)以降、ジハードにはそのようなイメージが付随して語られることが多い。また、筆者が同胞団の社会活動の話をしたあとに、「同胞団でもジハードは重要な理念です」と説明すると、皆一様に不思議な顔をする。筆者が「同胞団のジハードは、武器をもつ戦いだけじゃないんです」と補足すると、さらに学生の混乱は強まる。あまり知られていないが、伝統的なイスラーム法学においては、武装闘争以外の活動もジハードとしてあげられている。同胞団でも、武器をとって異教徒と戦う戦闘行為がジハードとして称揚されている一方、さきに紹介した多様な社会活動への参加もジハードとして称揚されている。

しばしば「聖戦」と訳されるジハードとは、もともと「正戦、義戦」を意味し、神のために自己を犠牲にして戦うことを意味する。一般的には、ジハードとは異教徒との戦闘行為を指す。イスラームとウンマ(イスラーム共同体)を守り、イスラームの教えを広め、定着させることを目的とする。ムスリムに課された重要な義務の一つであり、同胞団においても活動の柱となっている。なお、同胞団のスローガンは、「神がわれらの目的、使徒(ムハンマド)がわれらの指導者、クルアーンがわれらの憲法、ジハードがわれらの道、神のための死はわれらの最高の望み」である。

バンナーはジハードについて論じるさいに、同胞団の活動を念頭においていた。換言すれば、ダアワに応じた大衆が実践するものとして、ジハードについて語ったのである。バンナーは西洋列強の侵略により、イスラーム世界が危機にあるとして、つぎのように述べた。

すべてのムスリムにとって、ジハードの準備をし、ジハードへの決意を保ちつづけることは、その機が熟すまで、もしくは神がすでになされたとする命令をくだすまで、逃れられない個人義務である。

ここで述べられているジハードは戦闘行為を指す。バンナーはこの「戦闘としてのジハード」を称揚することにより、それを同胞団内の重要な価値観の一つとし、メンバーに戦闘の意義を認識させ、その決意を促した。こうした決意をいだいたメンバーは、漫然と活動する者よりも、活動促進の観点から同胞団にとって好ましい存在となった。すでに両大戦間期のエジプトでは、外国支配への抵抗意識が高まり、パレスチナ問題への連帯意識の登場、民族主義の興隆などがみられ、しだいに戦闘の実践が不可避の課題となりはじめていた。同胞団は実際に、第一次中東戦争(一九四八〜四九年)でパレスチナへイスラエルと戦う義勇兵を派遣し、一九五一年には運河地帯で反イギリスの武装闘争も組織した。

一方で、バンナーは祖国解放のために、イスラームの教えにもとづく社会改革も必要とした。同胞団の目標の一つは、社会改革によりエジプトの国力を増大させ、その解放・独立を促すことにあった。それゆえ、イスラーム復興のための活動は、戦闘行為と同じく祖国解放に貢献する点で、同様にジハードとみなされた。この「社会活動としてのジハード」を称揚することにより、同胞団の日常的な活動においても、ジハードの「崇高な義務」を実践できるとしたのである。これは大衆の動員においても、大きな強みとなった。祖国解放を願う人びとにとって、強力な駐留イギリス軍と即座に戦うよりも、「社会活動としてのジハード」として日常の諸活動に参加するほうが、現実的かつ容易な選択肢であったからだ。

このようにバンナーは、イスラーム復興の新しい実践形態である同胞団の指導者として、大衆にたいしてイスラーム復興の思想を説き、その実践方法を示した。彼の思想の最大の特徴は、理論と行動を明確に示し、大衆運動の組織化に成功した点にある。彼の思想は、大衆の信仰心や祖国愛を、具体的な組織活動への献身に転換する回路を形成するものであった。ここに、当時の同胞団発展の一因を見出すことも可能であろう。

第3章　バンナー暗殺と「冬の時代」

バンナー暗殺

二十世紀前半、同胞団は多様かつ広範な活動をエジプト社会で展開した。同時に、一九三九年第五回総会での「政治組織」という自己定義に示されるように、政治活動にもしだいに力をかたむけるようになった。彼らは、政治的要求を掲げた街頭デモやストライキを実施し、また議会選挙への参加を模索した。一九四〇年代、同胞団で政治活動が優先されてゆくのに比例して、しだいに政府との緊張関係が強まっていった。政治組織と自認し、多数のメンバーと支持者をかかえる同胞団は、政権の座にある者には台頭する脅威と映ったようである。

一九四五年、第一次ヌクラーシー政権が誕生すると、メンバーの逮捕・拘束など同胞団にたいする弾圧が始まった。これに対応するかのように、同胞団内の「特別機関」という部門が、政府関係者の襲撃・暗殺などの報復行動を起こすようになる。政府と同胞団のあいだの緊張は高まりつづけた。一九四八年、第二次ヌクラーシー政権はついに同胞団解散令を宣言した。同胞団が軍事訓練をおこない、革命による体制転覆を計画しているという嫌疑がその理由であった。

解散令を受けた同胞団は非合法組織となり、事務所閉鎖、メンバー逮捕、資産押収などの弾圧が加えられた。この非合法状態は一九五〇年まで続いた。解散令の直後、その報復として、ヌクラーシー首相は同胞団特別機関のメンバーによって暗殺される。翌年二月には、さらにその報復として、バンナーが秘密警察によって暗殺されてしまう。ムスリム青年協会での会合の帰り道、バンナーが車に乗ろうとしたところを、射殺されたのである。

ここで、特別機関について若干の説明をしたい。特別機関は当初、植民地支配を続ける西洋列強など「イスラームの外敵」と戦うことを目的に設立された。設立年には諸説あるが、一九四〇年代の前半には存在していたようだ。当時の同胞団では、最高指導者バンナーを中心に指導局を執行部として、諸部門・活動を監督指導する組織運営がおこなわれていた。しかし、この特別機関は最高指導者に直属する秘密部門として設けられ、指導局の監督外にあった。これは同胞団内における指導系統の二重化を意味する。やがて、政府の同胞団弾圧が強まるなかで、

▶**マフムード・ファフミー・ヌクラーシー**（1888〜1948）　ワフド党結成時の有力メンバーだったが，1938年に同党を脱退し，サアド党を結成した。

組織防衛を理由に特別機関は独走を始め、要人襲撃を繰り返した。この特別機関の自立化により、同胞団は組織の一体性を喪失し、分裂状態に陥ることとなった。バンナーは死の直前まで政府との対話を試み、特別部門に抑制を指示したとされるが、それも結局は実現しなかった。バンナーでも抑制できなかったのだ。ここには、特別部門の暴走により、同胞団の指導系統が機能不全になってしまったことがあらわれている。

バンナーの突然の死去の後、同胞団は組織存亡の危機に直面する。一九四〇年代後半のエジプトでは急速に革命状況が進展し、五二年のエジプト革命にいたった。指導者不在の同胞団は、革命初期の権力闘争において拙《つたな》い対応を繰り返し、結局は政府による厳しい弾圧を受け、二十年間にわたって活動が停滞する「冬の時代」にはいってしまったのである。

同胞団の混乱は、バンナー死後しばらくのあいだ、つぎの最高指導者が選出されなかったことにも示されている。当時の同胞団では、特別機関などの急進派と、政府との対話を求める非暴力路線の穏健派とのあいだで、活動方針をめぐって意見が対立していた。当時、急進派の暴力的行動がめだっていたが、組織内では穏健派の影響力も強かった。一九四〇年代後半、地主・資産家など富裕層の加入がみられるようになり、同胞団では保守的な社会層出身者を中心とする穏健派の影響力がましていた。このことは、同胞団の発展期には、社会的な組織基盤を拡大するものとして寄与した。しかし、政府の弾圧から組織を防衛する必要が生じたさい、急進派との軋轢《あつれき》を生むこととなり、同胞団内部の分裂や矛盾の要因にもなった。

新最高指導者の選出問題は、一九五一年に裁判官のハサン・フダイビーが選出されることで、一応の決着をみた。彼は一九二〇年代から裁判官として活躍していたが、バンナーの演説に感銘を受け、四三年から同胞団に秘密裏に参加をしたという。裁判官であるフダイビー選出の背景には、同胞団内で、政府との暴力的対決を回避すべしとする穏健派の声が、主流を占めたという経緯がある。

しかし、フダイビーの就任後も、特別機関は依然として自立的な活動を続けた。彼は急進派の活動を完全にコントロールできなかった。また、彼の合法路線は、革命前夜をむかえていたエジプトにおいて、強力かつ効率的なリーダーシップを提供することができなかった。一九四〇年代後半~五〇年代初頭のエジプトでは、第二次世界大戦後の経済情勢悪化のなかで貧富の差が拡大し、第一次中東戦争でのイスラエルにたいする敗退、反王宮・反政府を唱える街頭デモやストライキの頻発、イギリス軍駐留継続に反対する同胞団らによるゲリラ闘争、カイロでの大火事(一九五二年一月)などが起こった。社会的・政治的に非常に不安定な状況にあったのだ。さらに、これら諸問題に十分に対処できない立憲議会制やワフド党

▶ハサン・フダイビー
(1891～1973)

など既存政党に対する不信感も、日々高まっていた。社会の混迷のなか、同胞団は内部対立を収拾できず、組織としての一体性を欠いた分裂状態のまま、一九五二年のエジプト革命をむかえることとなった。

一九五二年エジプト革命

一九五二年のエジプト革命により、一八〇五年から続くムハンマド・アリー朝が倒れ、エジプトは王制から共和制に移行した。この革命では、同胞団は大衆動員により、エジプト社会の革命情勢を醸成し、「下から」革命を準備したといわれる。一方、自由将校団はそのような革命状況の進展のなかで、軍事クーデタによる奪権を成功させた。そして、その後、「上から」の革命を推進した。

自由将校団とは、のちにエジプト大統領となるナセルやサーダートなど軍隊内の青年将校からなる秘密結社である。彼らは、第一次中東戦争の敗退を政府の腐敗にあると考え、体制転覆をめざして活動していた。なお、現代中東において、軍事クーデタによる奪権を最初に理論化したのはシリアで誕生したバアス党[25]であり、それを最初に実践したのがこの自由将校団である。自由将校団は

▲ナセル（1918～70）　エジプト第２代大統領（在職 1956～70）

▲サーダート（1918～81）　エジプト第３代大統領（在職 1970～81）。

クーデタを計画するにあたって、同胞団や共産主義組織などと事前協議をかさねていたという。サーダートが同胞団との連絡係であったことは有名であるが、ナセル自身も同胞団と深い関係をもっていたらしい。

一九五二年七月二十三日、自由将校団は迅速な軍事行動によってクーデタを成功させた。クーデタにさいしては、第一次中東戦争の英雄ムハンマド・ナギーブ[26]将軍を名目的に自由将校団の首班にすえ、国民的支持の結集を試みた。クーデタ直後、自由将校団を主要メンバーとする革命評議会が設立され、ナギーブは首相に就任した。同胞団はこれら革命の一連の動向にたいして好意的な立場をとり、八月一日には自由将校団を祝福する声明を発表した。

一九五三年一月、革命評議会はワフド党を含むすべての既存政党の解散を命じた。革命評議会と友好関係にあった同胞団は、政党ではないとの理由から活動継続を認められた。同年六月には共和制への移行が宣言され、正式に王制は廃止となり、ナギーブが初代大統領に就任した。革命評議会の権力基盤は順調にかためられ、同胞団も評議会と友好関係を維持した。しかし、評議会を取り仕切る真の実力者ナセルと、名目的な大統領の立場にあきたりないナギーブとのあいだには、徐々に確執が生じはじめていた。同胞団はナギーブと親しい関係にあり、依然として大きな社会・政治勢力であった。このため、完全な権力

25 シリア出身のミシェル・アフラク，サラーフッディーン・ビータールらによって結成されたアラブ民族主義政党。イラクのサッダーム・フセインのバアス党政権が有名であった。シリアでは，アサド政権を支える政党として健在である。
26 ムハンマド・ナギーブ(1901～84)は，エジプト軍人で，自由将校団の名目的な首班。第1次中東戦争で活躍し，国民的名声をえた。

掌握をめざすナセルは、同胞団を将来的な敵対者として警戒したと考えられる。実際に、彼の掲げる政策には、同胞団の利害とあい反するものも少なくはなかった。

例えば、一九五三年にナセルが立案した「解放機構」の創設は、彼の同胞団への姿勢を端的に示している。解放機構は、同胞団を含むすべてのエジプトの諸勢力を吸収し、政府による上からの大衆動員をおこなうための装置として発案された。革命前の立憲議会制度にかわる大衆の新しい政治参加のあり方を探るナセルの試みでもあった。大衆動員に立脚して活動する同胞団とは、明らかに衝突する政策である。また、一九五二年九月にナセルが土地集中の是正を目的に実施した農地改革も、上から大規模な改革をおこない、大衆的な支持を増大させるものであった。なお、この農地改革について、同胞団は過剰な所有権制限に反対して五〇〇フェダーン[27]までの農地所有容認を主張した。これにたいして、ナセルは二〇〇フェダーンの上限を主張し、最終的には彼の主張が実行された。このように、両者間の「上から」の革命と「下から」の改革は、このほかにも多くの局面で対立した。

一九五四年一月、首相職にあったナセルは前年施行した政党解散令を同胞団にも適用しようと試み、同時に同胞団に近いナギーブを大統領職から辞任させようとした。この試みは、ナギーブのもとに反ナセル勢力が結集したため、撤回せざるをえなかった。しかし、この迫りくる危機を前にしても、フダイビー指導下の同胞団は指導系統の統一ができず、

[27] 1フェダーン＝4200平方メートル。

依然として分裂状態にあった。さらには、特別機関の独走的な活動もふたたび活発化しつつあった。

一九五四年十月、地中海に面した大都市アレキサンドリアで起こったナセル暗殺未遂事件は、同胞団を組織存亡の危機へ追いやる事件となった。この事件は特別機関メンバーの犯行と断定され、これを好機としたナセルは同胞団を非合法化し、徹底的な弾圧に乗り出した。多数の同胞団メンバーが逮捕され、刑務所に投獄された。最高指導者フダイビーはこの事件の裁判で死刑判決を受けたが、のちに恩赦によって終身刑に減刑された。

この事件はナセルによって「仕組まれた」というのが真相のようでもあるが、たとえそうであるとしても、指導部のコントロールできない特別機関が存在したからこそ、政府の側も容易に操作が可能だったのであろう。この事件以降、同胞団はふたたび非合法組織となり、苛烈な弾圧によって活動が大きく停滞する。また、大統領のナギーブも同胞団との関係を追及され、大統領の座から追われた。余談ではあるが、エジプトの地下鉄には歴代大統領の名前がつけられた駅がある。ナセル[28]、サーダート、ムバーラクの各駅は、二つの路線が交差する乗換駅であり、規模も大きい。一方、ムハンマド・ナギーブと名づけられた駅は規模も小さく、乗降客も少ない。筆者はそこを通過するたび、地味だなぁと常々感じていた。権力の座からの去り方(ナセルとサーダートは死去、ムバーラクは当時現役)の違

[28] ナセル駅は2017年現在建設中の3号線が1号線と交差する予定である。

いが、こんなところにもあらわれている。

「冬の時代」のムスリム同胞団

国内最大の対抗勢力である同胞団の弾圧に成功したナセルは、一九五六年に大統領に就任した。国内的には、ナギーブや同胞団など政治的対立者の排除により、政治権力を自分に集中させることに成功した。また、対外的には、一九五五年にインドネシアのバンドンで開催された第一回アジア・アフリカ会議[29]で中心的な役割をはたし、第三諸国の有力な指導者として国際的にも認知された。また、ナイル川上流域でのアスワン・ハイダム建設を決定し、その資金調達のために一九五六年にスエズ運河国有化を宣言した。これを契機とする同年のイギリス・フランス・イスラエル軍侵攻による第二次中東戦争(スエズ危機[30])にも、政治的な勝利をおさめた。こうした外交的成功により、彼はアラブ民族主義の先導者、「アラブの英雄」とみなされ、アラブ域内政治での発言力を高めた。国内でも外交的勝利を背景に、カリスマ的な指導者として大衆からの支持を強めた。こうしたナセルを指導者とするアラブ民族主義の潮流は、ナセリズム(ナセル主義)と呼ばれる。

一方、同胞団は厳しい弾圧によって壊滅状態となった。「冬の時代」と呼ばれる一九五〇～六〇年代の活動停滞期である。同胞団に所属するだけで禁固刑となる法律も制定され、

29 アジア・アフリカ新興独立諸国の首脳による史上初の会議。ナセルのほか，インド首相ネルー，インドネシア大統領スカルノ，中国首相周恩来らも参加した。反植民地主義・反帝国主義の理念が反映された平和十原則が採択された。

30 ナセルのスエズ運河国有化宣言に反対するイギリス・フランスが，イスラエルとともにエジプトを攻撃した戦争。アイゼンハワー米国政権の圧力で，イギリス・フランス・イスラエル軍は撤退し，エジプトは政治的勝利をおさめた。

多数のメンバーが逮捕・投獄された。獄中メンバーのなかには、拷問の憂き目をみた者も少なくなかった。筆者は同胞団古参メンバーから当時について話を聞いたことがあるが、ここではとても書けないような悲惨な体験談だった。エジプトでの弾圧から逃れるために、サウジアラビアなど国外へわたった同胞団メンバーも多数みられた。

同胞団が危機に陥った要因としては、内部分裂のため組織として適切な対応がとれなかったことがあげられる。裁判官出身の穏健なフダイビーは、苛酷な政治闘争の統率や、弾圧への対応に慣れていなかった。また、バンナー思想にもその要因を見出すことができよう。段階的なイスラーム復興を進める彼の思想では、社会がイスラーム化すれば政治も自然とイスラーム化するとされていた。このため、政治をイスラーム化する方法論については明言されていない。彼のジハード論も、革命あるいはクーデタによる奪権をまったく視野にいれていない。革命の気配が強くなる一九四〇年代後半〜五〇年代の社会情勢において、それは楽観的であったといえるかもしれない。また、特別機関も組織防衛を目的とし、それ自体は革命を目的とはしなかった。クーデタによる奪権をはっきりとめざす自由将校団と比較すれば、政治権力の掌握にかんして楽天的すぎたのかもしれない。

サイイド・クトゥブ

「冬の時代」のムスリム同胞団で最高指導者を務めたフダイビーは、その任期の大半を獄中で過ごした。そのため、刑務所外の同胞団活動について指導する機会をほとんどもたなかった。また、彼は理論的な指導者ではなく、バンナーのようにメンバーに向けた執筆活動をおこなわなかった。この時期、フダイビーにかわって同胞団の思想的指導者となったのは、サイイド・クトゥブという人物であった。「冬の時代」の同胞団のイデオローグとして彼が紡ぎ出した思想は、イスラーム急進派を中心に、今日のイスラーム世界に多大な影響を与えている。

クトゥブは、一九〇六年、上エジプトのアシュートという町の近郊に生まれた。バンナー誕生と同じ年である。十歳でクルアーンを暗記するなど利発な少年であったという。彼は村のクッターブにかよったものの長続きせず、公立の学校にかよった。一九二〇年頃に彼はカイロへ移り、ジャーナリストとして文筆活動をいとなむおじのもとで暮したという。一九二八年、バンナーも学んだダール・アル・ウルームに入学し、三三年にこれを卒業する。その後、教育省で公務員として勤務するかたわら、世俗的な文芸評論家として活躍した。一九

▲サイイド・クトゥブ（1906～66）

四八年、クトゥブは米国(アメリカ合衆国、以下略)へ研修のために派遣される。この訪米の前後に、彼のなかで世俗主義的な考え方からイスラームへの「回帰」が遂げられたという。米国で体験した西洋社会の堕落や退廃への批判が、彼のその後の思想形成に影響を与えたようだ。

クトゥブは、一九四〇年代末から同胞団と関係をもちはじめたが、実際の加入は五〇年代初めといわれる。彼は加入後まもなく、機関紙『ムスリム同胞団』の編集を担うなど主要メンバーとして活動をしたが、ナセルによる弾圧に巻き込まれてゆく。一九五四年に逮捕されたクトゥブは、収容先で厳しい拷問を受けた。幼いころから虚弱体質だった彼は健康を害し、一九五五年に刑務所内の病院に移された。同年、同胞団の特別機関を指揮し、発行禁止の機関紙作成に関与したという罪状により、彼は懲役十五年の判決を受けた。直後、多数の同胞団メンバーがカイロ市内のトゥラ刑務所で惨殺される事件が起こった。血まみれの負傷者たちが搬送されるのを目撃したクトゥブは、この事件を契機に急進思想へ転換したとされる。一九六四年、彼は特赦で釈放され、ザイナブ・ガザーリーらの仲間とともに壊滅状態の同胞団の再建を試みた。しかし、この試みも弾圧対象となり、一九六五年に再逮捕されてしまう。

クトゥブのジャーヒリーヤ論

一九六五年にクトゥブが再逮捕されたさい、軍事法廷は武装組織結成により体制転覆をはかったとの嫌疑で、彼の裁判を進めた。翌年、明確な罪状を立証することができなかったため、軍事法廷は彼の著作『道標』(一九六四年刊行)を証拠として、扇動の罪で死刑判決をくだした。このような思想裁判により死刑判決がくだされたことは、イスラーム世界に驚きをもって受け止められた。国外から多くの助命嘆願がおこなわれたが、彼の処刑は実施された。

では、クトゥブは『道標』でなにを主張しているのであろうか。この著作は、人間社会を善と悪で断ずる急進的な二元論が特徴となっている。『道標』のなかで、善はイスラームにあらわされる。イスラームに反対する悪徳、堕落、誤ったイデオロギーなどは「ジャーヒリーヤ」(無明時代、無知の時代)という言葉であらわされる。ジャーヒリーヤとはイスラーム以前の、すなわちイスラームという明かりのない時代のアラビア半島を指す用語である。彼は、イスラームへの奉仕に励む同胞団へ血の弾圧を加えるナセル政権に、ジャーヒリーヤを見出した。ナセル政権はその非イスラーム性ゆえに、自分たちに苛烈な弾圧を加えるのだとクトゥブは考えたのである。

▲サイイド・クトゥブ『道標』

このクトゥブの思想では、神の主権（ハーキミーヤ）と、神の主権が欠如した社会を指すジャーヒリーヤは、対の鍵概念である。イスラームとは神の主権、すなわちイスラーム法を社会に確立することであると、クトゥブは考える。そして、それが実現されていなければ、たとえムスリムが構成する社会であろうとも、ジャーヒリーヤに陥っていると、彼は主張する。なお、このジャーヒリーヤの概念を現代に適用するという思想は、南アジアのマウドゥーディー[31]という人物が最初に唱えた。クトゥブは、この概念を彼の暮すエジプト社会に適用し、その非イスラーム性を指摘したのである。誤解を恐れずに、彼の思想を簡潔にまとめるならば、「①神の主権確立がイスラームの目的、②ムスリムの義務としてのイスラーム法施行の必要性、③それを欠く社会のジャーヒリーヤとしての認識」、となる。

なお、ジャーヒリーヤの政府を軍事的に転覆すべしとする軍事主義的な傾向は、クトゥブの思想には認められない。イスラームとジャーヒリーヤの二元論も、倫理的な世界認識を示すものであった。また、彼がジャーヒリーヤにたいする処方箋として示したのは、社会の基礎からイスラームの教えを再構築するということであった。クトゥブは、社会にジャーヒリーヤを認めるがゆえに、もっとも下部の基盤からイスラーム化する必要があると主張したのだ。しかし、クトゥブは自らの思想を実現するための機会をもつことはできなかった。『道標』の刊行まもなく、処刑されたからである。このため、われわれはクトゥ

[31]マウドゥーディー（1903～79）は，パキスタンのイスラーム思想家。1941年にジャマーアテ・イスラーミーを創設。この組織は，現代南アジアを代表するイスラーム復興運動組織となっている。

ブがジャーヒリーヤにたいして、いかなる実践的な処方箋を構想していたのかを判断することは難しい。

クトゥブの死後、彼の思想を基礎とし、「クトゥブ思想」と呼ばれる思想潮流が登場した。クトゥブは社会をイスラームの理念で再構築することをジャーヒリーヤへの処方箋とした。一方、クトゥブ主義は、彼のジャーヒリーヤ論をさらに進め、既存の体制や社会全体を不信仰者として否定する。このように他者を不信仰者と断定することを「タクフィール」(不信仰の断罪)という。なお、正統的なイスラームでは、ムスリムはいかに不義であっても不信仰者とみなされることはなく、タクフィール自体が罪深い行為とされている。クトゥブ主義の思想構成を簡潔に示すなら、「①神の主権を確立する必要性、②それを欠くジャーヒリーヤ社会の断罪、③政府・社会全体にたいするタクフィール」となろう。

すでに死去したクトゥブ自身の関与がないまま、彼の名を冠したクトゥブ主義は、その後の急進派・過激派の反体制闘争に理論的根拠を与えることとなった。クトゥブ主義の思想構成は、社会でのダアワにより改革を進めるというバンナー思想を根本的に否定するものである。その後の同胞団では長年にわたり、クトゥブ主義への対処が組織的課題となった。

第4章　ムスリム同胞団の復活

ナセルからサーダートへ

クトゥブ処刑の翌一九六七年、イスラエルとアラブ諸国のあいだに第三次中東戦争[32]が勃発した。イスラエルがこの戦争を「六日間戦争」と呼ぶように、イスラエルの先制攻撃によりエジプト、シリア、ヨルダンの空軍は壊滅的打撃を受け、制空権を確保したイスラエル軍に六日間で敗北を喫した。アラブ諸国は多くの領土を喪失し、イスラエルは支配地を大きく拡大した。この結果、外交的成功に大きく依拠していたナセル大統領の権威は著しく失墜し、一時は辞意を表明する事態となった。また、アラブ諸国の敗北は、アラブ民族主義凋落の契機となり、イスラーム復興隆盛の一因となった。正しくイスラームを信仰しないアラブ諸国にアッラーが罰をくだしたとする声が、アラブ世界に流布したという。

一九七〇年、ナセルは心臓発作のため他界する。その後継者となったのは、当時の副大統領のサーダートであった。権力基盤の弱かったサーダートは、その強化を最初の仕事と

[32] 戦争の結果，イスラエルは東エルサレムを含むヨルダン川西岸地区，ガザ地区，シナイ半島，ゴラン高原を占領した。

した。就任翌年、彼はナセル主義者ら左派を政権から追放する「整風革命」により反対派を粛清する。さらに、一九七三年の第四次中東戦争では、イスラエルにたいして先制攻撃をおこない、エジプト軍のスエズ運河渡河を成功させ、第三次中東戦争からイスラエル占領下にあったシナイ半島への上陸をはたした。戦争後半ではイスラエル軍が優位に立ったが、緒戦でのエジプト軍勝利により、サーダートは権力基盤の強化に成功した。また、この戦争でアラブ産油国が石油戦略を発動し、反アラブ諸国への石油輸出を制限した。このため、日本を含む多くの国々で「オイルショック」(石油危機[33])と呼ばれる経済混乱が生じた。

第四次中東戦争後、サーダートは、経済と政治の自由化を柱とする新政策を打ち出し、内外政策におけるナセル体制からの転換を明らかにした。経済では、外貨導入を基本とする「門戸開放政策」による自由化が進められた。政治では、複数政党制の復活を含む自由化が進められた。対外的には、従来のソ連との友好関係をみなおし、米国との関係改善に努めた。また、エジプトとイスラエルとの和平交渉にも力をそそいだ。この和平交渉の進展とともに、米国から巨額の経済・軍事支援が供与され、両国関係はさらに緊密化した。

サーダートの登場は、ムスリム同胞団再建のきっかけにもなった。彼は大統領就任からまもなく、獄中にあった同胞団メンバーを順次釈放し、同胞団の再建を黙認したのである。

[33] OAPEC(アラブ石油輸出国機構)が親イスラエルの西側諸国におこなった石油禁輸・供給制限と，OPEC(石油輸出国機構)の石油公示価格の大幅引き上げによって，先進工業国は社会・経済混乱に陥った。

彼が再建を認めた理由には、依然として政治的影響力を保つ左派勢力を抑制する対抗勢力として、イスラーム勢力を利用しようとしたことがあげられる。エジプト各地の大学では、左派学生組織に対抗するためにイスラーム集団という学生組織を誕生させた。また、一九七一年の新憲法では、「イスラーム法の原則は、立法上の一つの主要な法源である」(第二条)とする「イスラーム法条項」も付け加えられた。こうしたサーダートのイスラーム寄りの政策は、一九七〇年代のエジプトでのイスラーム復興の興隆を促進する一因となった。

ムスリム同胞団の復活

一九七一年以降、最高指導者フダイビーら同胞団メンバーが釈放されるなかで、組織再建が始められた。しかし、フダイビーは釈放まもない一九七三年に死去した。その後の同胞団再建は、第三代最高指導者に就任したウマル・ティルミサーニーの指導下でおこなわれた。

ティルミサーニーは、一九〇四年にカイロ市内で生まれた。一九三三年、彼はバンナーとはじめて会った。そのさい、バンナーの書斎で椅子を勧められた。しかし、その薄汚れた椅子に座ることを彼は躊躇した。裕福な家に生まれ、弁護士を職としていたティルミサーニーは、高価な服を身に纏《まと》っていたのである。服が汚れるのをきらった彼は、胸から取り出したハンカチを椅子において着席した。バンナーはその行為を微笑みながらながめていた。そのとき、ティルミサーニーは、贅沢にとらわれている自分と、質素な生活にもかかわらずイスラームの教えに献身するバンナーとの違いに気づき、おおいに自分を恥じたという。バンナーに大きな感銘を受けた彼は、その一週間後に同胞団への加入をはたした。

　ティルミサーニーの指導のもと、同胞団は組織再建を進め、徐々に勢力を回復した。ナセル期の弾圧の経験から、サーダート政権との良好関係の維持と合法路線の堅持が基調とされた。政治活動ではなく社会活動を優先的に再開し、社会における基盤強化に努めた。一九七六年には機関誌『ダアワ』が復刊され、ティルミサーニーやザイナブ・ガザーリーなどのメンバーが精力的な執筆をおこなった。なお、サーダートは同胞団の再建を黙認したが、一九五四年以来続く非合法状態の解除はおこなっていない。これは、サーダートが左派への対抗勢力として同胞団の復活を容認する一方で、社会ネットワーク構築に長けた同胞団が政治的競合者として台頭するのを警戒したためと考えられる。同胞団の非合法状態を継続することで、彼らが政権の脅威になった場合に、法的に取り締まることが可能となるからだ。

▲『ダアワ』

▲ウマル・ティルミサーニー（1904～86）　同胞団第３代最高指導者（在任 1973～86）。

また、サーダート政権下では、外貨導入に依拠する自由主義的な門戸開放政策が進むにつれ、エジプト国民のあいだに貧富の差が拡大した。政府の提供する公共サービスは、大都市周辺に拡大するスラム地区の需要に追いつけず、その対応は後手にまわった。同胞団はこれに対処するために、相互扶助ネットワークの構築、行政・司法相談、無料医療サービス（六二頁コラム参照）、スポーツクラブ運営など、多様な社会福祉サービスの提供をおこなった。同胞団が公共サービスの不足を補うことは、スラム地区の安定に寄与することにもなった。ここに、政府・同胞団間の一種の補完関係を指摘できよう。こうした状況は、両者の良好関係を保つ一因にもなった。また、「冬の時代」に湾岸諸国など国外に逃れていたメンバーも、徐々にエジプトへ帰国を始めた。彼らのなかには、亡命先でビジネスに成功した者も多く、門戸開放政策下でその財産を元手に投資活動をおこなった。亡命先で築いたコネクションを利用して、湾岸諸国からの投資を引き受ける同胞団メンバーもみられた。

しかし、同胞団とサーダート政権の良好な関係も、サーダートがイスラエルとの和平を進めはじめると、しだいに困難なものとなる。また、同胞団は門戸開放政策には反対しなかったが、貧富の差の拡大をまねくような政策には異議を唱えはじめた。一九七九年にイスラエルとの和平条約が締結されたあとは、サーダートと同胞団との関係が急速に悪化し

Column #02

イスラーム医療協会

カイロには地下鉄がある。筆者がカイロで調査をおこなっていた二〇〇三年当時、カイロ市を南北に走る一号線と、東西に横切る二号線があった。筆者は調査先を訪問するさいには、タクシーをよく利用したが運賃が高いのが悩みの種であった。また、カイロのタクシーの多くはメーターが機能していないため、運賃をめぐってドライバーとよく口論になった。訪問先が地下鉄駅の近くだと運賃も安く、口論もない。列車が地上を走っているときには、鼻歌まじりで車窓の風景を楽しんだものだ。

筆者がよく訪れたイスラーム医療協会のファールーク病院は、地下鉄一号線のマアーディーという駅から徒歩圏内にあったため、いつも筆者は鼻歌を歌いながら病院の門をくぐった。イスラーム医療協会は、一九七〇年代の同胞団再建の一環として設立された組織であり、良質・廉価な医療サービス提供を目的に活動を続けている。設立に貢献したアフマド・マルトという医師は、第一次中東戦争に軍医として同胞団義勇兵に付き添ったらしい。この協会の病院は、基本的にボランティアの医師・事務員によって運営されている。

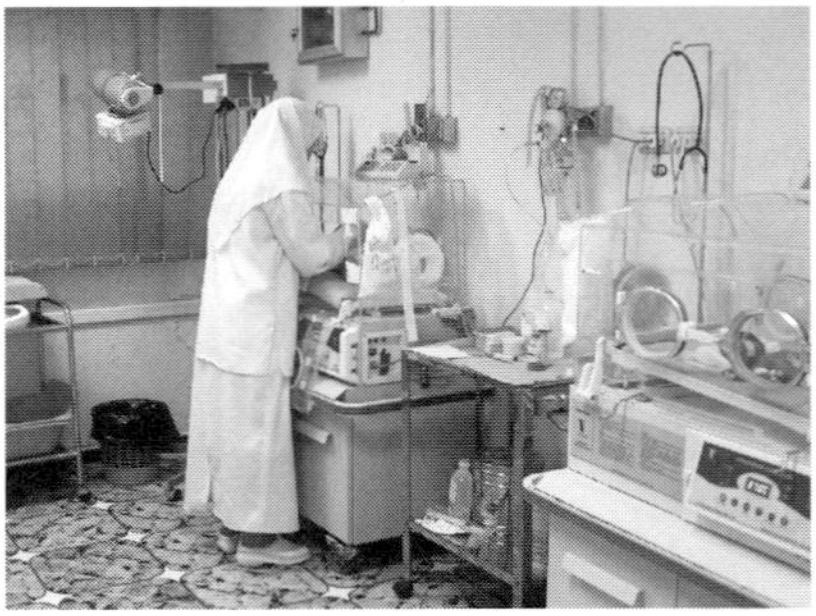

▶ファールーク病院内の様子

◀ジャマール院長(右)と筆者

イスラーム医療協会最初の診療所は、一九七九年にカイロ市内のサイイダ・ザイナブ地区に建設された。このサイイダ・ザイナブ病院は、青年時代のアイマン・ザワーヒリー(アル・カーイダの「ナンバー2」として知られる)が診察をおこなっていたことで有名である。筆者がかよったマアーディーのファールーク病院は、一九九〇年に開院した同協会のなかで最大・最新の病院である。CTスキャン、ソナー・システム、人工透析機などの医療設備をもち、一日に三五〇人の患者が訪れていた。薬や診療費は通常有料であるが、患者の経済事情に応じて無料になる場合もあった。

イスラーム医療協会の運営委員会には同胞団メンバーもいるが、公式には別組織として活動している。だが、両者は指導部でかさなっている。ここを訪れる患者の多くも同胞団の病院として認識しており、同胞団の社会的な支持基盤やネットワークの形成に一役買っている。実際に、筆者が会ったジャマール・アブドゥッサラーム院長は、二〇〇五年人民議会選挙に同胞団から立候補した。社会的な支持基盤に依拠して政治活動を推進するという同胞団の基本方針が示されている。なお、残念ながらジャマール院長は落選してしまった。

た。一九八一年には、同胞団や野党のメンバー、コプト教会指導者など反対派のいっせい逮捕という大規模な弾圧がおこなわれた。サーダートの強硬な政治姿勢は、国民の強い不満をまねくこととなった。エジプト社会に不満が高まるなか、イスラーム急進派も勢力を伸張させた。一九八一年十月のジハード団によるサーダート暗殺事件は、急進派イスラーム復興運動による最大の事件といえる。[34]

急進派の台頭

一九七〇年代、同胞団はサーダート政権下で合法路線を採用し、政府との対立を回避しつつ、社会活動を中心に組織再建をおこなった。指導部の多くはバンナーの教えを直接受けた古参メンバーたちであり、その意味ではバンナー主義者といってもよいだろう。穏健なイスラーム復興運動として同胞団を復活させる彼らの努力は、しだいに実を結んでいった。

当時の同胞団ではクトゥブ主義の影響が大きかったため、彼らはその払拭に努めた。クトゥブをタクフィールやクトゥブ主義から分離する努力がなされたのだ。クトゥブ主義の否定、そしてクトゥブを同胞団の思想家として肯定し、彼の遺産を継承することが試みられた。例えば、時代は少し新しいが、同胞団古参メンバ

▶サラーフ・シャーディー『２人の殉教者——バンナーとクトゥブ』

ーのサラーフ・シャーディー著『二人の殉教者――バンナーとクトゥブ』（一九九四年刊）の書名には、その姿勢がよくあらわれている。クトゥブの遺産をクトゥブ主義とは区別し、本来のかたちに継承しようとする努力は、一九八〇年代半ば以降に大きく実った。急進的な青年組織であったイスラーム集団のなかでカイロを活動拠点とする人びとが同胞団に合流したのである。この青年層は、一九九〇年代に同胞団の中堅層となり、法律家や医師の職能組合[35]（専門職者の同職業組合）の指導部として、また人民議会[36]の議員として活躍するようになる。

一方で、ダアワにもとづく社会改革というバンナー思想に立脚する彼らの穏健な姿勢は、急進的なクトゥブ主義を信奉する人びとの批判対象となった。同胞団の活動に満足できない人びとは、同胞団から分岐したり、同胞団とは別に急進的なイスラーム復興運動を設立したりし、闘争路線を歩んだ。急進派が同胞団から分岐・分立したというこの経緯により、同胞団はしばしば「原理主義の源流」とも形容される。

ここで、エジプトの代表的な二つの急進派イスラーム復興運動について概観しよう。

①イスラーム集団

この組織は、一九七〇年代初頭にサーダートが各大学に設けたイスラーム集団を起源とする。一九七〇年代、イスラーム集団は、学生を対象に試験用テキスト・コピーの廉価販

34 キリスト教の一派で，キリストには単一の性質のみが存するとの単性論の立場をとる。現在，エジプトを中心に広まっており，同国では人口の5～10%を占めるといわれる。
35 エジプトの職能組合は，ムハンマド・アリー朝の近代化政策により誕生した医師や法律家など専門職の職業組合として誕生した。ナセル，サーダート両政権下では政府の利益分配装置として機能した。エジプト政治においては，職能組合の「声」は政策決定に強い影響を与えるものとなっている。
36 日本の国会に相当する。ムバーラク政権下では，人民議会とは別に諮問評議会が設けられていたが，これには立法権がなく，人民議会による一院制議会であった。

売、セミナーやキャンプの開催、住居や医療サービスの提供などにより、大学内で勢力を伸ばした。一九八〇年頃には各大学自治会を掌握するにいたったが、組織内で穏健派と急進派のあいだに意見や活動の相違があらわれるようになった。一九八〇年代半ば以降、穏健派の多くは同胞団へ合流した。急進派の一部は、一九八一年にジハード団のサーダート暗殺に呼応して、上エジプトのアシュートの町で武装蜂起を決行したが、失敗に終わった。

学生運動から出発したイスラーム集団には大衆運動の側面が強かった。サーダート暗殺後は、社会のイスラーム化と大衆行動による政権打倒・イスラーム国家樹立をめざしていた。しかし、一九九〇年に政府によりメンバーが殺害されたあと、報復合戦が激化し、彼らは政府との全面対決に突入した。一九九二年、メンバーの殺害・逮捕などの弾圧にたいし、イスラーム集団はエジプトを訪れる外国人観光客を襲撃する戦術をとった。一九九七年には、日本人一〇名を含む六二名が殺害される「ルクソール事件」が起こった。その後、政府の徹底的な弾圧によって組織はほぼ壊滅状態に追い込まれ、一九九九年には最終的な停戦宣言が発表された。

理論的・精神的指導者はウマル・アブドゥッラフマーン[37]とされ、米国で終身刑判決を受け、服役中に死去した。彼の武装闘争の理論を誤解を恐れず簡潔にまとめると、「①イスラーム法にもとづく統治をおこなわない者は不信仰者である、②不信仰の統治者打倒はイ

[37] ウマル・アブドゥッラフマーン(1938 ～ 2017)は，1993 年の米国世界貿易センタービル爆破事件への関与の疑いで逮捕され，米国で終身刑判決を下された。

スラームにおける義務である、③エジプト政府はイスラーム法による統治をおこなっていない、④不信仰のエジプト政府打倒は義務である」となる。「観光客襲撃戦術」では、エジプト政府打倒の一環として、政府に外貨収入をもたらす観光客がねらわれたのであった。

②ジハード団

アル・カーイダのナンバー2とされるアイマン・ザワーヒリーが所属した組織として知られる。イスラーム法に背く為政者へのジハードを求める学生組織と陸軍内の同調者が、一九七〇年代に合流してできたとされる。一九八〇年にイスラーム集団と「ジハード連合組織」を結成し、翌年サーダート大統領を暗殺した。その後は政府との衝突を避けて、教宣活動と理論整備につとめていたとされる。しかし、一九九二年にイスラーム集団の「観光客襲撃戦術」に同調したため、政府の厳しい取り締まりを受けることとなり、壊滅的な打撃を受けた。指導部は分裂し、国外へ逃亡する者も多数いた。ザワーヒリーもその一人で、彼はアフガニスタンでウサーマ・ビン・ラーディンのアル・カーイダに合流した。

代表的理論家としては、アブドゥッサラーム・ファラグとアブドゥルカーディルがあげられる。前者は『隠された義務』において、為政者にたいするジハードを唱

▲アイマン・ザワーヒリー（1951〜　）（AP Images）

えた。カリフ制施行はムスリムの義務であるが、そのためにはまずイスラーム国家が樹立される必要がある。既存の為政者はその阻害要因であり、それを排除するためにジハードがムスリムの義務になると主張する。後者は、さらに急進的な立場をとった。不信仰者へのジハードはムスリムの義務とされ、権力とのいっさいの妥協を否定した。合法路線をとる同胞団も批判対象となっている。ジハード団は少数精鋭の軍事行動・クーデタを重視した。イスラーム集団のアブドゥッラフマーンや彼らの議論は、しばしば「革命のジハード論」と呼ばれる。

中道派イスラーム復興運動

このように、一九七〇年代以降、クトゥブ主義に依拠し、為政者へのジハードを求める急進派組織がエジプト国内で勢力を伸張させた。その活動や思想的影響はエジプト国内のみにとどまらず、周辺諸国やアフガニスタンなど世界各地にもおよんだ。急進派の勢力伸張には、青年層が同胞団の穏健路線に満足しなかったという背景もある。しかし、復活以降の同胞団はあくまでも穏健な中道派の道を歩もうとした。

この姿勢をよくあらわしているのが、ユースフ・カラダーウィー著『イスラーム覚醒——拒絶と過激化のあいだで』(一九八二年初版刊)であろう。このタイトルにも示されているように、カラダーウィーは、政治・経済・社会などの諸分野においてイスラームを「拒絶」する世俗主義と、タクフィールと為政者へのジハードを唱えて「過激化」した急進派・過激派イスラーム復興運動とのあいだにある「中道主義」（ワサティーヤ）を提唱している。この本が著された一九八〇年代初めは、サーダート暗殺事件など暴力事件が頻発した時期であった。彼は、急進派・過激派と世俗主義の双方の批判的検証を踏まえ、両者のあいだにある中道派の道こそがイスラームを復興させると説いた。

〔宗教的な〕過激化とは中道から遠い位置にある。過激化のおもな特徴の一つは、危険や危うさにもっとも近く、そして〔危険からの〕保護や安全からもっとも遠いということである。（中略）そもそも、イスラームは、〔ムスリムが〕中道にあるための方策を示すものである。（中略）まことに、イスラームは〔ムスリムが〕生きてゆくうえの方策を示す完全な教えである。（中略）イスラームとは、思想を形成する信仰箇条、心を浄化する宗教儀礼、心をはぐくむ道徳、正義を打ち立てる立法、人生を美しくする善行なのである。社会を真にムスリムにふさわしいものとするためには、イスラーム〔の教えの実践〕を社会全体の義務としなければならない。（中略）また、ア

▲ユースフ・カラダーウィー（1926～　）

▲ユースフ・カラダーウィー『イスラーム覚醒——拒絶と過激化のあいだで』

ッラーの命令と預言者〔の言行〕を、社会、経済、政治、思想など生活のすべての諸相において認め〔、実現し〕なければならない。

カラダーウィーの理解では、イスラームの復興とは現代社会におけるイスラームの復権である。そのためには、信仰・社会・政治・立法の各分野で適切なイスラーム理解をおこない、イスラーム本来の教えを守るとともに、それを社会全体に適用しなければならない。彼の提唱する立場は、しばしば「イスラーム的中道派潮流」と呼ばれている。

復活以降の同胞団では、こうした穏健な中道派のイスラーム復興をめざす思想が主流となっている。一九七〇～八〇年代、非暴力の合法路線を標榜する同胞団は、ダアワをつうじてエジプト社会の改革活動をおこない、広範なネットワークの構築に成功した。政府との全面対決をたくみに回避しつつ、その社会的基盤を背景に、ふたたび政治活動にも乗り出してゆく。

一九八〇年代の同胞団

一九八一年のサーダート暗殺後、副大統領フスニー・ムバーラクが後継大統領に就任した。ムバーラクは就任直後から、基本的にサーダートの政策を継承したが、サーダート政権末期の強硬な政治姿勢は踏襲しなかった。暴力的・急進的な反対派を孤立させる一方、穏健な反対派とは対話を進めて、国民的和解を模索した。また、ムバーラクは政治における司法機関の役割を重視し、政治への「法の支配」を尊重・遵守することで政権の正統性を担保しようとした。彼のもとで政治の自由化が進展し、前政権が活動を禁じた新ワフド党は活動の再開を許され、同胞団も政治活動を容認されることとなった。すでに、サーダート政権期の一九七六年に複数政党制が復活し、七九年には複数政党制のもとで初の人民議会選挙もおこなわれていた。ムバーラク政権初期の政治自由化のなかで、一九八四年と八七年に人民議会選挙が実施され、ムバーラクが党首を務める与党国民民主党は、いずれの選挙でも約七〇%の議席を獲得し勝利した。同胞団も両選挙への参加を容認された。

同胞団は一九五四年以降非合法のままであり、サーダートもムバーラクもそれを解除しなかった。それゆえ、同胞団は独自の候補者を立てることができず、一九八四年には新ワフド党と、一九八七年には労働党・自由党と連合を組んで選挙に臨んだ。その結果、一九八四年には八議席(全四四八議席)、八七年には三六議席(同)を獲得した。一九八七年では「イスラームこそ解決」をスローガンに掲げ、いちやく、実質的な野党第一党となった。公認野党での最大議席はワフド党の三五議席であった。こうした同胞団の躍進の要因には、一九七〇年代以降のエジプト社会におけるイスラーム復興

▶**フスニー・ムバーラク**(1928～　)
第4代エジプト大統領(在職1981～2011)。

の進展や、同胞団が地道な社会活動によって支持基盤を拡大したことがあげられよう。

また、同胞団は職能組合においても、積極的な進出を試みた。イスラーム集団を経由して同胞団へ加入した若手・中堅メンバーには、大学教育を修了して医者・弁護士・技師などの専門職につく者も多かったため、職能組合へ加盟する同胞団メンバーも増加した。それを背景に、同胞団は各種職能組合において急速に影響力を拡大し、一九九〇年代には主要な組合で主要勢力を形成した。

人民議会や職能組合で活躍したのは、「七〇年世代」と呼ばれる若手・中堅メンバーである。彼らの多くは一九七〇年代のイスラーム集団での活動を経て、八〇年代半ば以降に同胞団へ加入した。彼ら「七〇年世代」は、実務能力に秀でるという特徴をもっていた。彼らは、大学において学生自治会選挙に参加し、自治会運営にあたって反対派学生との対話をおこない、各種サービスを学生に提供するなどの実務経験を積んでいた。「冬の時代」に青年期を獄中で過ごした古参メンバーの経歴とは大きく異なる。こうした「七〇年世代」の経験は、例えば、人民議会や職能組合において、政府や対立勢力との折衝をおこなうさいや、世俗的な野党勢力との協調行動をとるさいに、おおいに役立つ経験であった。

一九八〇年代の政治自由化のなかで、同胞団にとって職能組合や人民議会の重要度がますのにともない、彼ら「七〇年世代」の活躍が顕著となった。しかし、同胞団の意思決定は依然として、バンナー期以来の古参メンバーからなる指導層の掌中にあった。例えば、一九八六年のティルミサーニーの死去後に第四代最高指導者となったのはハーミド・アブー・ナスル(在任一九八六~九六)であり、その後の最高指導者のムスタファー・マシュフール(同一九九六~二〇〇二)、マアムーン・フダイビー(同二〇〇二~〇四)もバンナー期以来のメンバーである。そのため、「七〇年世代」の不満はしだいに高まり、九〇年代半ばには、指導部にたいして公然と異議を唱える者もあらわれた。世代間対立が、同胞団内部の意見対立を誘発したのである。

一方、ムバーラク政権も同胞団の政治的伸張にしだいに警戒心をいだくようになった。一九九〇年代以降、イスラーム集団など急進派イスラーム復興運動の活動激化もかさなり、ムバーラクは政治の自由化に慎重な姿勢をとるようになる。また、一九八〇年代末、エジプト経済は危機的状況となり、世界銀行や国際通貨基金(ＩＭＦ)の支援にもとづく経済改革がおこなわれることとなった。ムバーラクは、国民に痛みを強いる経済改革を推進するために、サーダート暗殺事件からずっと継続している非常事態令を用いて、反対派の声を封じ込める決断をした。そのため、政治自由化の後退は著しいものとなった。

第5章　新時代のムスリム同胞団

ワサト党

一九九〇年代の政治自由化の後退は、非合法状態の継続というムスリム同胞団の問題をメンバーに強く認識させた。ムバーラクは一九五四年以来の同胞団の非合法状態を継続させることで、その政治的台頭を抑制する方策として利用している。政府の政策に異を唱える同胞団にたいして、ムバーラクは一九八一年から続く非常事態令を適用し、非合法組織である同胞団メンバーの拘束や軍事裁判をおこなった。政府と良好な関係にあり、活動が黙認されているときは、同胞団の非合法状態はそれほど問題にならない。しかし、政府による抑圧政策のもとでは、その法的脆弱性は大きな支障となる。この問題をなんとかしなければならないという声が、同胞団内で「七〇年世代」と呼ばれる若手・中堅メンバーを中心に強まった。

「七〇年世代」が出した答えの一つが、「ワサト(中道)党」の設立であった。これは同時に、古参指導部の硬直性・閉鎖性に対抗して、より開かれた運動をつくりだす動きでもあった。同党は、合法的な政党活動によりイスラームにもとづく民主主義を実現することを目的に、一九九六年にカイロで設立された。同胞団メンバーを中心に、公式には同胞団と別の組織として政党を設立することにより、同胞団の政治活動に幅をもたせ、非合法状態を打破する道を見出そうとしたのである。

　同党設立の中心的な役割をはたしたのは、「七〇年世代」に属するアブー・アラー・マーディーである。彼は当初、同胞団傘下の政治組織としてワサト党の活動を想定していた。しかし、最高指導者ムスタファー・マシュフールら古参メンバーからなる指導部は、同党設立の試みを一部メンバーの独走行為と批判し、すみやかに中止するように求めた。指導部は、「七〇年世代」の台頭により自分たちの影響力低減を恐れたともいわれる。これに反発したマーディーらワサト党メンバーは、一九九六年に同胞団を脱退する。ワサト党はこれまで三度(一九九六、九八、二〇〇四年)、政党許認可を判断する政府の政党委員会へ認可申請を提出したが、いずれも却下された。同党は元同胞団メンバーが多数を占めたため、合法化をめざす同胞団の組織戦略にもとづく「かくれ蓑《みの》」的な組織であると、ムバーラクは考えた。

▲アブー・アラー・マーディー
(1958～　)

筆者がワサト党に注目する理由は、同党の活動が興味深いからだけではない。最近の同胞団指導部では「七〇年世代」が徐々に発言力をましており、同じ「七〇年世代」がつくったワサト党の思想や活動は、今後の同胞団の活動を考えるうえで非常に示唆に富む事例であるからだ。ワサト党は、自由・公正な選挙をつうじてエジプトに民主主義を確立し、自由な政治活動によって政治参加することをめざしている。同党は、同胞団を基盤とするだけでなく、エジプト全国民を包括するより広い運動を志向している。エジプトには、古来よりキリスト教の一派であるコプト教徒が暮しており、総人口約七〇〇〇万の五〜一〇%を占める。ムスリムとコプト教徒の共存は、ムスリムが主体をなすイスラーム復興運動にたいして、つねに突きつけられてきた問題である。イスラームの教えを政治・社会・経済に適用するさい、異教徒はどのようにあつかわれるかという大きな問いである。ワサト党は、両者の共存と国民統合を目標とし、それを支える理念として「文明としてのイスラーム」を唱えている。

ワサト党の「文明としてのイスラーム」

ワサト党によれば、イスラームは「宗教としてのイスラーム」と「文明としてのイスラーム」に大きく二分される。前者は、いわば「狭義のイスラーム」であり、ムスリムのみが対象だ。通常想定されるイスラームはこれに該当する。一方、後者は、いわば「広義のイスラーム」で、その文明圏に暮すすべての人びと(ムスリム、キリスト教徒、ユダヤ教徒、その他宗教の信者)を対象にする。ワサト党は、両者が矛盾するものではないとする。「宗教としてのイスラーム」は「文明としてのイスラーム」のなかに包摂されており、また「文明としてのイスラーム」を構成する重要な一部分だという。

ワサト党によれば、「文明としてのイスラーム」とは、エジプトの長い歴史のなかではぐくまれてきたものであり、イスラームの遺産だけでなく、キリスト教など他宗教の遺産も包含する。エジプトが古来蓄積してきた文明の資産を、「文明としてのイスラーム」と呼んでいるのだ。それは、ムスリムやコプト教徒など全エジプト国民が誇るべき文明・価値・遺産に依拠するものとされる。同党は、この「文明としてのイスラーム」にもとづき、全国民を対象に政治活動をおこなうことを基本理念としている。

また、マーディーは筆者とのインタビューで、「エジプト人であればだれでもワサト党へ参加でき、そこではムスリムもコプト教徒も平等である」と述べている。イスラーム法の適用についても、「イスラーム法とは「善なる価値」の体系であり、時代に応じた法解釈によりその理念を具体化し、国民の利益を促進するような適用をしなければならない。イスラームとキリスト教がそれぞれ称揚する価値は、同じ文明(文明としてのイスラーム)

に属するため、ほぼ共有される」と述べている。

さらに、ワサト党は「文明としてのイスラーム」から、それにもとづく「イスラーム民主主義」を主張する。マーディーはつぎのようにいう。

イスラーム文明圏に固有の民主主義を確立しなければならない。すべての文明圏や国において、異なる背景のなかで民主主義が形成される。民主主義はおのおのの文明圏の遺産のなかで形成されるのであり、エジプトの民主主義は西欧の民主主義とは異なる形態の「イスラーム民主主義」となる。インドにはインドの、日本には日本の民主主義があるように。これは民主主義の再生産ともいえる。

ここで強調されていることは、たんに西洋の民主主義の模倣をするだけでなく、シューラー（協議）などイスラーム文明圏における民主主義的制度を用いて、民主主義を「再生産」する必要性である。この再生産された民主主義は、「文明としてのイスラーム」に依拠するという点で、イスラーム民主主義と呼びうるという。「文明としてのイスラーム」に依拠するイスラーム民主主義とは、ムスリムのみならずキリスト教徒も包摂することを意味する。宗教の差異による対立・差別を回避し、国民的統合の達成をめざす彼らの基本理念が、ここにはあらわれている。この理念はワサト党のメンバー構成にもあらわれている。同党はコプト教徒メンバーを多数擁しており、例えば、コプト教徒で著名な思想家のラフィーク・ハビーブは、同党の綱領作成に活躍するなど、創設当初の中心的メンバーであった。

一方で、ワサト党は同胞団とは異なり、強固な社会的支持基盤を有していない。同党のエリート主義的な性格を指摘する声もあり、党勢の拡大には苦労していると報じられている。同胞団からは、社会的基盤を有さない同党の活動には限界があるとの声もある。ワサト党の困難をみてか、同胞団内の「七〇年世代」には政党結成を強行する動きはない。当時、同胞団では時期尚早との声が強く、合法政党化の調査・検討と社会活動による基盤強化の「二方面作戦」がとられた。しかし、ワサト党はしだいに野党や市民運動との連携を進め、エジプト政治における存在感を徐々に拡大した。同党の活動の成否は、同胞団のその後の方針だけでなく、エジプト政治にも大きな影響を与える可能性を有していた。

イラク戦争前後の中東民主化構想

同胞団内で「七〇年世代」を中心に変革を求める声が高まるなか、一九九〇年代半ば、同胞団は人権、民主主義、女性やコプト教徒の権利にかんする声明を発表した。そこでは、人権、民主主義、自由と平等などはイスラームの教えにもとづく要

▲ラフィーク・ハビーブ（1959～　）

求であり、その実現のために改革行動を起こすことが必要とされた。また、第六代最高指導者マアムーン・フダイビーは著書において、イスラーム法に立脚する立憲議会制、複数政党制下での政治活動の自由、宗教・性別の差によらない権利・平等の保障、合法的・非暴力的活動の推進を主張した。

しかし、一九九〇年代以降のエジプトは政治自由化の後退期にあり、同胞団・野党など反対派への抑圧政策、政治・言論活動への規制強化、人民議会選挙(九〇、九五年)での政府の暴力的な選挙介入など、民主主義的なルールや手続きが無視される状況が続いていた。二〇〇〇年の人民議会選挙でも政府による選挙介入がみられ、与党国民民主党は三八八議席(全四四四議席)を獲得した。同胞団はこの選挙で、一七議席を獲得しふたたび実質的な野党第一党になったが、エジプト政治を改革するための具体的活動を起こすことはできなかった。ムバーラク政権は、いつしか現代中東を代表する権威主義政権[38]と呼ばれるようになっていた。

しかし、二〇〇三年のイラク戦争に前後して、ムバーラク政権の権威主義的な政治姿勢を変更させる契機がおとずれた。米国主導の中東諸国への民主化圧力である。当時のブッシュ米国大統領は、「対テロ戦争」を外交・安全保障政策の柱にすえた。テロリストおよびこれを支援し、また大量破壊兵器を開発する国家にたいする軍事的「先制行動」を唱え、

38 形式的には民主主義的な議会制が存在するが，実質的には議会や国民に制約されることなく，為政者によって自由自在に支配権が行使される国家体制。

そのような国家の「体制転換」をめざした。また、体制転換の目的には、自由・民主主義といった価値観の定着をつうじてテロの温床を絶ち、反米感情を抑制することも含まれる。イラク戦争はこの好例である。

この政策は、他のアラブ諸国にも影響を与えることとなった。米国の自由・民主主義などの価値を定着させようとする意向は、中東諸国の権威主義体制にその統治手法を再考させる「外圧」となったのである。無論、外圧のみでは国内改革は不可能である。中東諸国内で民主化を求める国民の要望は高まりをみせていたし、民主化の担い手となりうる政治組織の存在もすでにみられた。こうした国内的要因は民主化のおもな背景ではあるが、米国による「外圧」も既存体制にその政治手法を再考させる契機になったことは確かであろう。「外圧」は反対派の政治的機会を拡大させる一契機となった。

同胞団の改革イニシアティヴ

同胞団では二〇〇四年一月にマアムーン・フダイビーが死去し、ムハンマド・マフディー・アーキフが第七代最高指導者となった。アーキフは就任時に七十五歳という年齢にもかかわらず、同胞団の政党化について積極的に発言す

▲ムハンマド・マフディー・アーキフ（1928～2017）　同胞団第7代最高指導者（在任2004～10）。

るなど、むしろ「七〇年世代」など若手・中堅メンバーに近い考えをもっている。一九七〇〜八〇年代に米国・ドイツでイスラーム組織の指導をおこなった経験をもち、同胞団の「国際派」でもある。前任者フダイビーまでの古参メンバーとは一線を画する彼の登場は、同胞団の大きな転機と期待された。筆者もちょうどカイロに滞在していたころで、同胞団メンバーとインタビューをするたびに、彼らの熱い期待をひしひしと感じた。

アーキフは就任直後の三月、同胞団の新たな活動指針となる「改革イニシアティヴ」を発表した。これは、現在の同胞団の最重要の基本方針となっている。エジプトの包括的改革を目的に、人間形成、政治、司法、選挙制度、経済、教育、アズハル機構、貧困問題、社会、女性、ムスリム・コプト教徒関係、文化、外交の一三分野で、約一〇〇項目の改革提言と行動目標が示されている。その序文にある基本原則は、①「拡大中東構想」[39]など諸外国の介入排除、②国民的要求である改革の完全実施、③政治改革の優先的実施、④国民的団結による改革の実現、の四点である。また、イスラーム法にもとづく改革の必要性や、合法的手段による段階主義的な改革の実行についても言及がある。具体的な改革提言は、つぎのように分類可能であろう。

第一に、同胞団のめざす改革の出発点である「健全な」人間形成にかんする提言。人間形成、教育、アズハル機構、文化の分野にかんする提言において、イスラームの教えにも

[39] 中東・北アフリカ諸国にたいする，米国など先進８カ国による包括的な民主化支援構想。2004年Ｇ８シーアイランドサミットにおいて，政治宣言と改革支援計画が表明された。

とづく「正しい」教育・文化の普及と人間形成のあり方が主張されている。

第二に、エジプト国民の生活にかかわる提言。これはエジプトのかかえる社会問題の解決や国民生活の改善、さらにはコプト教徒や女性の権利保障によって、国民間の格差解消や国民統合の促進をめざすものである。おもに、貧困問題、社会、女性、ムスリム・コプト教徒関係の分野にかんする改革提言で取り扱われている。適切な社会サービスの提供の重要性、社会的弱者や少数派の権利重視が強調されている。

第三に、政治改革にかんする提言。政治、司法、選挙制度、外交の四分野で述べられている。憲法第二条の「イスラーム法条項」の履行、政治的権利と自由の保障、適切な法改正による民主主義の制度的保障がおもな論点となっている。外交については、アラブ諸国、イスラーム諸国、アフリカ諸国との関係強化が重視されている。

第四に、経済改革にかんする提言。財政赤字の増大や貧富格差の拡大などの経済状況を踏まえ、経済再建の出発点として所有権や経済活動の自由の尊重を主張している。支配従属関係をともなうグローバリズムに反対する立場を示し、エジプト国内の生産能力向上、経済制度整備が目標となっている。

改革イニシアティヴの内容からは、現代エジプトの具体的な政治・社会状況のなかで、イスラーム的な改革とはいかなるものか、同胞団がめざすエジプトはどんなものかを示したものと評価できよう。しかし、その一方で、その総論的な性格を指摘することもできる。例えば、民主化や政治的自由の達成のためにはどのような政治活動が必要かなど、具体的な手段・方策を十分に示しているとはいいがたい。筆者のこの指摘にたいし、同胞団メンバーは、言葉ではなく実際の行動によって示すと、力強く答えた。彼のいったとおり、二〇〇五年の民主化運動や人民議会選挙においてそれは示された。

エジプト民主化とムスリム同胞団

エジプトにとって、二〇〇五年は民主化運動の年であった。発端となったのは「キファーヤ運動」である。これは左派知識人を中心に組織された運動で、正式名称は「変革のためのエジプト運動」だが、一般的には「キファーヤ運動」の名で知られる。この通称はメンバーが街頭デモで唱える「ムバーラクはもう十分(キファーヤ)」というスローガンに由来する。彼らは、長期にわたるムバーラク政権の悪政がエジプトの諸問題の根源であるとして、同政権への強い反対姿勢を表明した。国民民主党による権力独占の終焉、非常事態令の廃止、国民の直接投票による大統領選出、公正な選挙の実施などを具体的な目標とする。二〇〇四年末にはじめて、カイロ市内で反ムバーラクの街頭デモをおこない、翌年三月以降、都市部を中心にデモの規模と頻度を急速に拡大させた。それまでのエジプトでは反ムバーラクの街頭行動は厳しく制限されていたので、筆者もこのニュースに大変驚きつつ、エジプト政治の新局面をあれこれと予測した。

キファーヤ運動がこうした行動をとりえた背景には、国内外の要因がある。国外的には米国主導の中東民主化構想である。最大援助国の米国からムバーラクにも民主化圧力が加えられ、政権側は民主化を求める反対派に強硬姿勢で臨むことが困難となった。一方、国内的にも、一九九〇年代以降の政治自由化の後退を背景に、国民の根強い民主化要求の声、長期政権への反感、痛みをともなう経済改革への反発、格差社会への不満がみられた。

キファーヤ運動主導の民主化運動の高揚のなか、当初静観の姿勢を示していた同胞団もメンバーを動員して街頭デモをおこなった。先行するキファーヤ運動と一定の協力関係を保ちつつ、民主化運動へ合流したのだ。同胞団が各地で数千人規模の街頭デモを組織したことで、民主化要求運動の規模は急速に拡大した。政府はデモ参加者の逮捕などの弾圧を加えたが、従来のような強硬手段はなかなかとれず、事態を鎮静化することはできなかった。同胞団の影響が強い医師や法律家の職能組合では、民主化を求める集会がさかんに開催された。

国内外での民主化圧力が高まるなか、二〇〇五年五月の国民投票によって、大統領選出方法を変更する憲法改正案が承認された。この結果、人民議会が指名する単独の大統領候補者を国民投票で承認するという従来の選出手続きは、複数候補者のなかから国民の直接投票により選出するという手続きへと変更された。九月におこなわれた大統領選挙では、予想通り現職のムバーラクが圧勝したものの、エジプト史上はじめて国民の直接選挙で大統領が選ばれた点で、民主化実現への一歩前進と受け止められた。

依然として民主化運動が高まりをみせていた同年十一～十二月には、人民議会選挙が実施された。[40] 非合法の同胞団は政党ではないので、無所属として候補者を立てるか、他の野党の名を借りて候補者を立てるしかない。この選挙で同胞団は、無所属候補者約一五〇名を擁立した。そして、「イスラームこそ解決」のスローガンのもとで選挙活動をくりひろげた。この選挙で同胞団はかつてない活動の自由をもって、公然と選挙活動に臨むことができた。同胞団のポスターが街頭で配られ、横断幕が街中に掲げられた。候補者たちは多数の支持者とともに街頭を行進した。これまでの選挙では、選挙直前に同胞団候補者が一斉逮捕されるなど、政府の露骨な選挙介入がおこなわれた。しかし、この選挙では、国内外の民主化圧力のなかで、政権側が選挙介入をかなりの程度自粛したとされる。選挙の結果、同胞団は四四四議席中八八議席を獲得した。与党国民民主党が三分の二以上を占めたとはいえ、同胞団は全議席の二割を獲得する躍進をとげ、実質的な野党第一党の座を保った。

[40] 2000年以降，人民議会選挙では司法による選挙監視が定められていた。人数に限りのある裁判所判事が監視をおこなうために，全国を3つの地域に区切り，それぞれ実施時期をずらすかたちで3回に分けて投票がおこなわれた。

同胞団のこの選挙での綱領の内容には、先述の改革イニシアティヴの理念・提言が色濃く反映されていた。選挙綱領は、復興、開発、改革の三部からなっている。復興では、①自由・人権・国民の権利、②価値・文化・人間形成、③女性、④情報・メディア、にかんする同胞団の見解・目標が述べられている。開発では、工業、農業、建設業、教育・研究の各分野の目的・政策・戦略が述べられている。改革では、政治、経済、社会の改革のための具体的方策が示されている。これらの内容は、改革イニシアティヴの総論的な諸提言を具体的なかたちで示したものであった。

同胞団にとって、二〇〇五年の民主化運動や人民議会選挙への参加は、改革イニシアティヴに掲げる民主化などの組織目標を具体化し、街頭行動や選挙活動をつうじてそれを広く人びとに訴えかける重要な機会であった。同胞団の政治的伸長は、そのような訴えかけが実を結んだ結果といえよう。前項の改革イニシアティヴにかんする同胞団メンバーの発言どおり、具体的な改革実行方法が示されたともいえよう。

しかし、人民議会選挙以降、政府による反対派に対する強硬な抑圧政策は、ふたたび息を吹き返した。同胞団の政治的伸張や二〇〇六年一月のパレスチナ立法

▶選挙の横断幕　ギザ市ドッキ地区の同胞団候補者ハーズィム・アブー・イスマーイールの選挙横断幕。候補者名と「イスラームこそ解決」のスローガンが書かれている。右側の木には選挙ポスターも貼られている。

評議会選挙でのハマース勝利に警戒をいだいた米国が、しだいに中東諸国の権威主義体制にたいする民主化圧力を弱めたという背景がある。米国の民主化圧力は、民主主義の定着によりテロの温床の根絶や反米感情の抑制を達成することが主目的であり、選挙の結果として反米的なイスラーム勢力が多数派となることは望んではいない。民主化を進めればイスラーム勢力が台頭するというジレンマにより、徐々に米国の民主化圧力は弱まっていった。

二〇〇六年以降、ムバーラク政権の反対派への抑圧政策はいっそう強化された。同胞団では幹部を含む数千人のメンバーが逮捕され、関連団体の資産凍結、メンバーにたいする軍事裁判という弾圧を受けた。キファーヤ運動や野党にたいしても、有力指導者の逮捕・投獄などの取り締まりがおこなわれた。二〇〇七年諮問議会選挙や〇八年地方人民議会選挙では、反対派弾圧や暴力的な選挙介入がおこなわれ、いずれの選挙でも与党国民民主党が大勝した。

また、二〇〇七年の憲法改正により、宗教政党の禁止が明記された。これは明らかに政治的に台頭した同胞団の政党化をはばむことを目的としていた。以前から、政党の設立・活動を規定する政党法にも、宗教を基盤とする政党活動を禁じる規定があった。しかし、通常の法律と比べ、憲法改正にはより複雑な手続きや厳しい条件がある。改正のハードルが高い憲法の条項となることで、同胞団の合法政党化はいっそう困難となった。ムバーラク政権による一連の抑圧政策によって、同胞団の活動は困難に直面した。

以上、ムバーラク政権期までの同胞団の思想と活動をざっと概観した。行動主義、段階主義、包括主義を柱とするバンナー思想にもとづき、社会活動をつうじて社会に強固な基盤を形成し、それに依拠した政治活動を展開した。「冬の時代」後の再建期をへて、ムバーラク政権下の同胞団は二十世紀前半にまさるとも劣らない活動をおこなった。その一方で、バンナー期の同胞団が直面した問題、すなわち政治のイスラーム化の方法論については、やはり最終的な答えが示されなかった。無論、当時のエジプトはかつてのように革命情勢にはなく、クーデタによる奪権という方法も非現実的であった。選挙をつうじた政治参加という当時の同胞団の方針が、もっとも現実的で有効な方法であった。しかし、エジプトのような権威主義体制下では、選挙によって民意がきちんと政治に反映されるか否かという問題が存在する。また、選挙実施時の政府による介入も、自由・公正な選挙を困難にする。これらは非民主的体制下の反対派が常々直面する問題であるが、当時の同胞団は具体的な方策を依然として見出せず、これを乗りこえていなかった。手詰まり状態にあったといえよう。

また、同胞団という巨大な「異物」の存在は、エジプトのかかえる大きな矛盾となっている。非合法組織が広範な社会活動を許されていることや、人民議会の二割が非合法組織メンバーという事態は、日本に暮すわれわれにはなかなか理解しがたいことで、大きな違和感を覚えさせる。ムバーラク政権は同胞団にたいしては抑圧政策を基調とし、非合法状態を解かなかった。むしろ、それ以外の政策を見出せなかったともいえる。エジプトの為政者にとって、同胞団という巨大な「異物」への対応は政権の最重要課題であり、今後もそれは変わらないであろう。その一方で、この同胞団問題の解決は、エジプトの社会・政治が統合された機能的・多元主義的な民主主義を獲得するために、避けては通れない道のようにも思われる。

第6章　アラブ世界のムスリム同胞団

世界に広がる同胞団

ムスリム同胞団は、アラブ諸国を中心に地理的広がりをみせており、その思想的影響は中央アジアや東南アジアにまでおよんでいる。すでに一九四〇〜五〇年代には、アラブ諸国で同胞団の支部が設立されていた。当時の同胞団の支部設立には二つのパターンがあった。一つはエジプトの同胞団が直接支部を設けるパターンであり、パレスチナがその代表的な例とされる。もう一つは、エジプトの同胞団に思想的影響を受けた人びとが、それぞれの母国にもどって同胞団・同胞団系の組織を設立するパターンである。ヨルダンやシリアの同胞団がその例である。当時、各国の同胞団はエジプトを中心に一定の協力関係を保ちつつ、それぞれの国での活動をおこなっていた。エジプト同胞団の指導者が「最高指導者」（ムルシド）と呼ばれるのにたいして、各国同胞団の指導者は「最高監督者」（ムラーキブ）と呼ばれる。

第3章でみたように、一九五〇～六〇年代のエジプト同胞団は「冬の時代」にあった。エジプトでは多くの同胞団メンバーが逮捕・投獄・処刑され、活動がほぼ停止状態に陥った。同時に、エジプトと各国の同胞団をつなぐネットワークの機能も低下した。本拠地エジプトと連携を絶たれた各国の同胞団は独自に活動を展開することとなり、結果的に各国の同胞団は自立性を高めることとなった。

その後、一九七〇年代にエジプト同胞団が再建され、八〇年代前半にはその活動状況は比較的安定したものとなった。それを受け、エジプト同胞団は、エジプト本部と各国同胞団のあいだに協力関係を再構築することを試みた。この結果、同胞団国際機構が設立された。この機構は、エジプト同胞団の最高指導者を議長に、各国(一四カ国および二地域)からの代表二名からなる評議会によって運営されている。そこでは、各国同胞団の独立性・自立性が尊重されつつ、国境をこえた協力関係の構築がめざされている。また、この機構は各国同胞団の内紛にたいする調停機能や、パレスチナ問題やイラク問題など共通問題にかんする協調・調整などの機能も有しているとされる。

一方で、国際機構では各国同胞団の意思が優先され、自立性が尊重されているため、一致団結した行動が困難になる事例もみられた。例えば、イラクのクウェート侵攻に始まる湾岸危機・湾岸戦争[41]にさいし、エジプト同胞団は、イラクの侵攻に反対しつつ、米国主導

[41] 1990年8月のイラク軍のクウェート侵攻・占領に始まる湾岸危機と，91年1～2月の米軍を主体とする多国籍軍とイラク軍との間の湾岸戦争。多国籍軍はイラク軍を圧倒し，クウェートは解放された。イラクは，大量破壊兵器廃棄を条件とする国連安保理の停戦決議を受諾し，戦争は終結した。

の多国籍軍によるイラク攻撃をイスラーム世界への介入とみなして反対した。この微妙な立場の維持に努めるエジプト同胞団にたいして、侵攻されたクウェートの同胞団は猛反発して袂を分かった。それ以来、エジプトとクウェートの同胞団は仲が悪い。

このように、今日のアラブ諸国の同胞団はさまざまな問題をかかえつつも、一定の協力関係を維持しつつ、それぞれの国で活動を展開している。本章では、エジプトから離れて、他国の同胞団がどのような活動をおこなっているのかを紹介したい。ここで取り上げるのは、パレスチナのハマース(報道などでは「ハマス」と呼ばれることが多い)である。ムスリム同胞団という名を知らなくとも、ハマースの名はすでにご存知の読者も多いだろう。

エジプト同胞団がムバーラク政権期にいたるまで非合法状態にあり、政党化を許されず、また政権入りや政権奪取をはたせなかったことは、すでにみてきたとおりである。一方、パレスチナのハマースは二〇〇六年に単独政権を樹立している。このことは、エジプト同胞団をみるだけでは知りえないこと、すなわち政権与党となった同胞団がどのような行動をとるのか、また他の政治アクターとどんな関係を構築するのか、という疑問について考えるための判断材料の一つになるかもしれない。

ハマースの誕生

ハマースとは、正式名称「イスラーム抵抗運動」の略称で、「熱情」を意味する。一九八七年に勃発したインティファーダ(民衆蜂起)[42]にさいして、同胞団の闘争部門として誕生した。現在、ハマースはパレスチナ最大のイスラーム復興運動であり、イスラエルの占領下にあるパレスチナの解放をめざして活動している。

パレスチナにおける同胞団の歴史は、二十世紀前半にまで遡る。一九二八年にエジプトで誕生した同胞団は、バンナーの指導下で、イギリス委任統治[43]下にあったパレスチナへの関与をしだいに深めていた。一九三六年に始まる反英・反シオニズム[44]の「アラブ大反乱[45]」にさいしては、ムスリム青年協会などエジプトの諸組織と協力して、パレスチナ・アラブ人支持集会や義捐金の送付などの支援活動を実施した。一九四五年以降、パレスチナ各地に支部が設けられ、四六年にはエルサレムに統括支部が設立された。このころ、パレスチナ同胞団は二五の支部と一〜二万人のメンバーを擁したという。

二十世紀前半のパレスチナは、ヨーロッパで長らく迫害を受けてきたユダヤ人のパレスチナ移住が本格化する時期であった。「土地なき民に民なき地を」はシオニズム運動が開始されて以来唱えられてきた政治スローガンだが、彼らがめざすパレスチナは「民なき地」ではなく、アラブ人が居住する「民ある地」であった。ユダヤ人移民とアラブ人の土

[42] 1987年12月，イスラエル占領下のヨルダン川西岸地区とガザ地区で発生した反イスラエルの民衆蜂起。

[43] 第一次世界大戦後，敗戦国オスマン帝国とドイツの旧領で，イギリス・フランスなど戦勝国が実施した植民地統治の方法。

[44] シオニズムとは，離散したユダヤ人をシオンの丘(パレスチナ)に帰還させ，ユダヤ人国家樹立をめざす運動。1897年に世界シオニスト機構が設立されたあと，しだいにパレスチナへのユダヤ人の移住が本格化した。

[45] ユダヤ人移民とイギリス委任統治への不満から，パレスチナで起こった運動。エルサレムの大ムフティー(イスラーム法学裁定官)アミーン・フサイニー(1893/95/97 〜 1974)が指導的役割をはたした。

地をめぐる争いが、現在まで続くパレスチナ問題の基軸となっている。さらに、植民地拡大を目論むイギリスなど西洋列強のさまざまな思惑がからんで問題が複雑化した。第一次世界大戦後、敗戦国オスマン帝国の領土であったパレスチナは、イギリスの委任統治下におかれた。

イギリス統治下でも、ユダヤ人移民とアラブ人との土地をめぐる争いは続いた。第二次世界大戦後、事態を収拾できなくなったイギリスはパレスチナからの撤退を決定する。その後、一九四八年のイスラエル建国宣言を機に、アラブ諸国軍がイスラエルに攻撃を開始し、第一次中東戦争が勃発した。この戦争で、エジプト同胞団はパレスチナへ義勇兵を派遣し、実戦にも参加した。この武装闘争は、パレスチナ人のあいだに同胞団への支持を高めることとなり、現在にいたるまで同胞団の大きな資産となっている。この戦争でアラブ諸国軍は敗退し、イスラエルは旧イギリス委任統治領の七七%を支配下におい

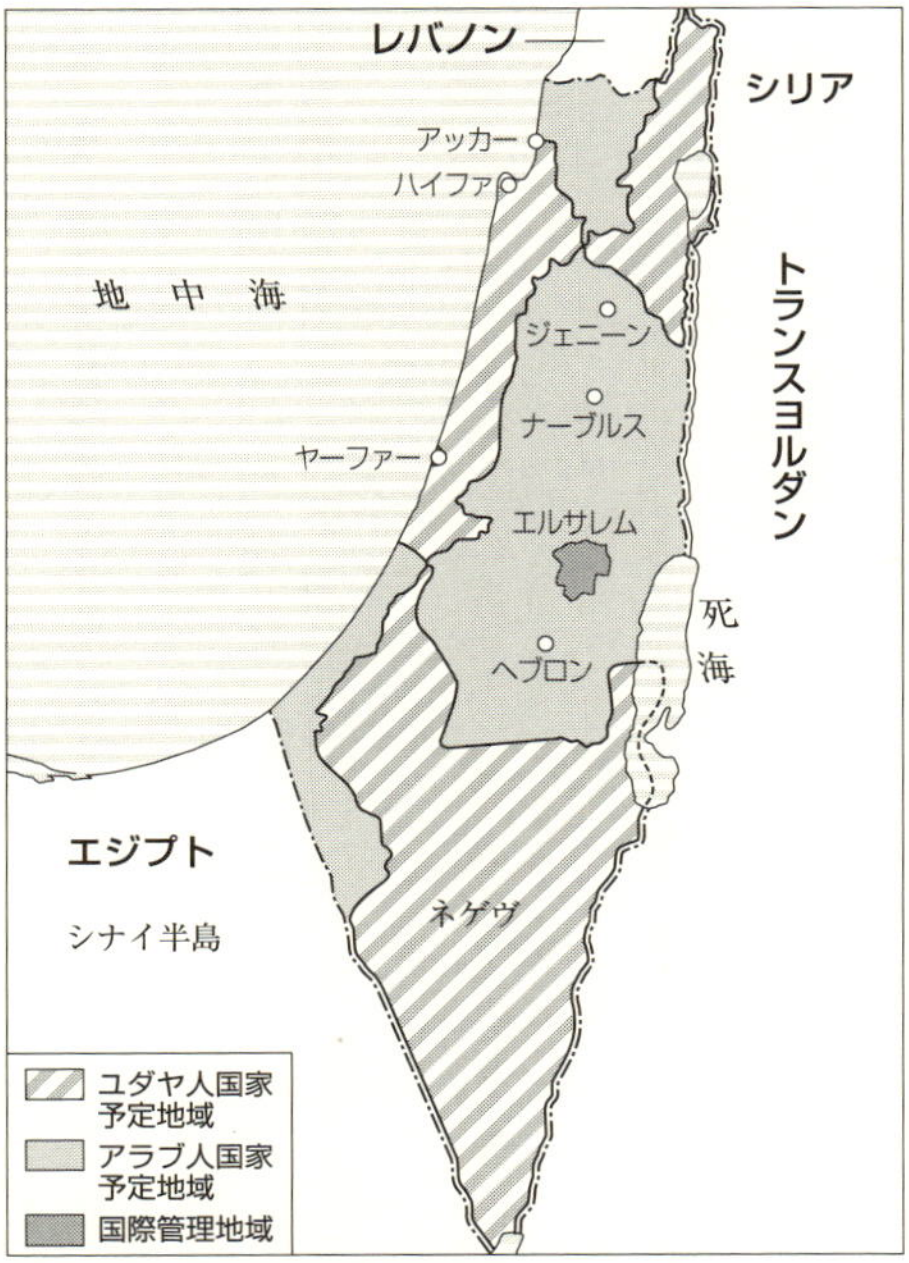

図2　国連パレスチナ分割案（1947年）

た。また、ヨルダン川西岸地区はヨルダンが、ガザ地区はエジプトが占領した。パレスチナは地図上から消滅し、多数のパレスチナ人が難民として離散をよぎなくされた。

一九五〇年代以降のパレスチナ同胞団は、武装闘争ではなく、おもに社会活動に重点をおくようになった。同胞団の基本的な戦略である「段階主義」に従い、社会のイスラーム化が武力による祖国解放とイスラーム国家樹立に先行するという立場をとったのだ。第三次中東戦争(一九六七年)でパレスチナ全土がイスラエルに占領されたあとも、その基本方針を堅持した。社会活動を主とする同胞団において中心的な役割をはたしたのは、のちにハマースの創設者となるアフマド・ヤースィーンであった。一九七三年、彼を中心にガザでイスラーム総合センターが設立された。この協会は、その後の同胞団の社会活動の中心となった。一九七九年には、イスラエル当局に慈善組織として登録されている。この協会はモスクを中心に、病院・看護学校、スポーツクラブ、会議場、ザカート(喜捨)委員会、女性活動センターなどを運営した。一九八〇年代半ばには、約二〇〇〇名の専従スタッフがいたとされる。

武力によるパレスチナ解放に慎重な同胞団は、パレスチナ解放機構(PLO)傘下のファタハ[46]やパレスチナ解放人民戦線(PFLP)[47]などがおこなう武装闘争路線とは距離をおいた。そのため、社会活動を主とする同胞団に不満を覚えたメンバーは、ヤースィル・アラファ

[46] 正式名称は，パレスチナ解放運動。民族主義にもとづくパレスチナ解放をめざし，1957年にヤースィル・アラファートを中心にクウェートで結成された。1968年の「カラメの戦い」でイスラエル軍撃退に成功し，パレスチナ人の支持を集め，解放闘争の主導的組織となった。

[47] 1967年に結成された解放運動で，マルクス・レーニン主義を掲げた。1970年代に，ハイジャック事件やイスラエルへの直接攻撃(ロッド空港襲撃事件)などを起こした。冷戦終結後，しだいに勢力を弱めた。

図3　国連分割決議案（1947年）**とグリーン・ライン**（1949年）**との領域の違い**

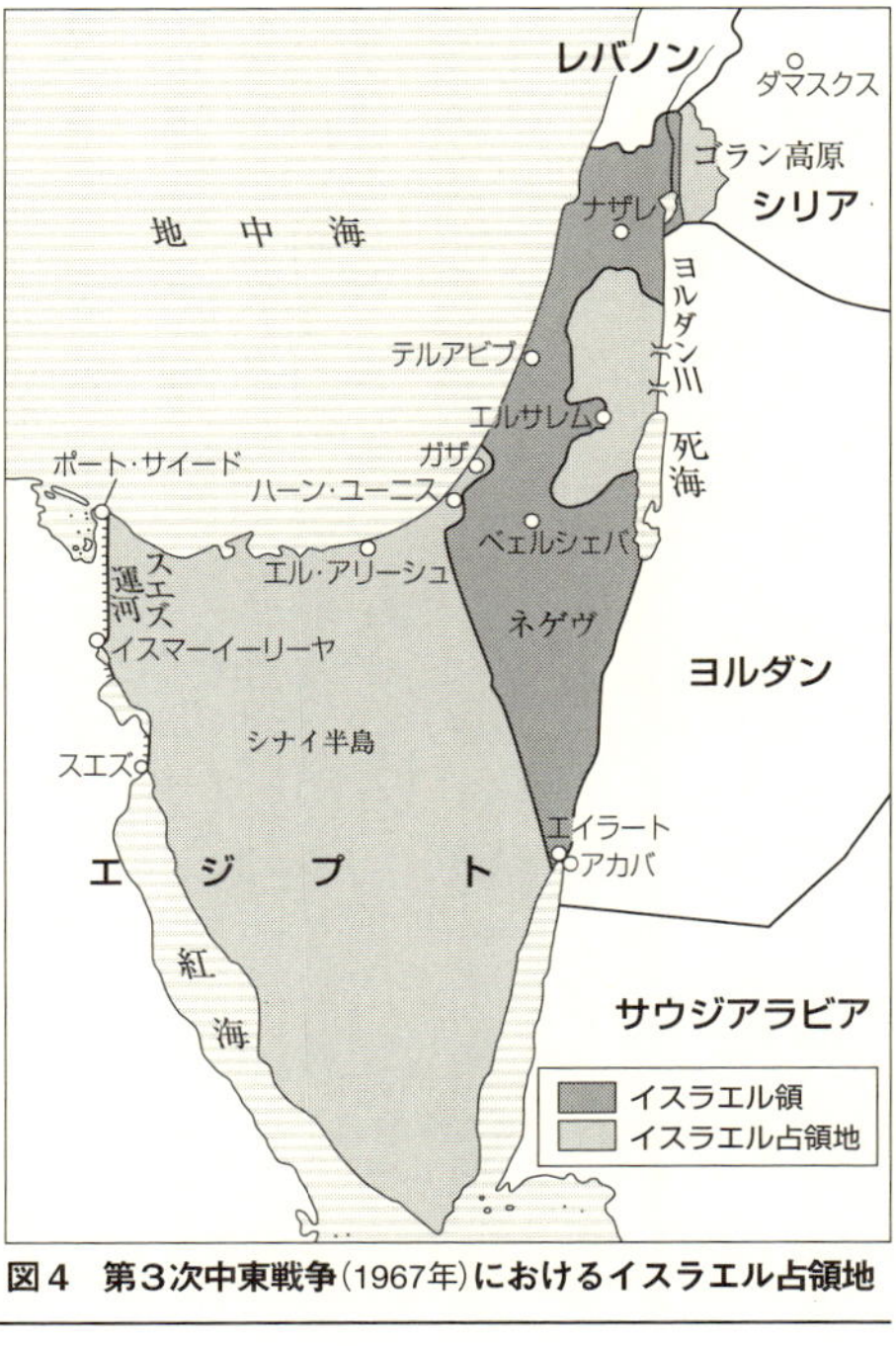

図4　第3次中東戦争（1967年）**におけるイスラエル占領地**

ート率いるファタハなどの解放運動に加入した。また、対イスラエル闘争を回避する同胞団にたいして、「祖国解放の障害」や「反動勢力」との批判の声も多数みられた。

しかし、一九八七年十二月八日、インティファーダ勃発を境に、同胞団は闘争路線に転換する。翌九日、ヤースィーン宅に集まった主要メンバーは、対イスラエル闘争の契機が到来したと判断し、その実行機関として新たにハマースを設立した。同時に、対イスラエル抵抗を訴えかける声明文第一号が起草され、まもなくガザ地区とヨルダン川西岸地区で配布された。ハマースはインティファーダにさいして、ＰＬＯ主導の「インティファーダ統一国民指令部」とは異なる独自の指揮系統・戦略によって活動をおこなった。パレスチナ人のあいだで支持を拡大したハマースは、やがてファタハにつぐ勢力を有する政治組織に成長した。

ハマースの登場は、パレスチナにおける対イスラエル闘争の大きな転換点となった。それまでのイスラーム復興運動に

▶**アフマド・ヤースィーン**（1936～2004）　ヤースィーンは，1936年にガザ北方のアスカラン（アシュケロン）近郊の村に誕生し，第1次中東戦争にさいしてガザへ難民として逃れた。1952年に頸椎を損傷する事故に遭い，その後手足に麻痺の後遺症が残った。1950年代後半，高校生の彼は同胞団へ加入したという。1964年にカイロのアイン・シャムス大学英語学科に入学するも，クトゥブらが逮捕された1965年の同胞団弾圧に巻き込まれ，1カ月間拘留された。釈放後ガザへもどった彼は，小学校教師を勤めつつ，パレスチナ同胞団の有力指導者として活躍した。

◀**ヤースィル・アラファート**（1929～2004）　ファタハ創設者。1969年にPLO議長に就任し，対イスラエル武装闘争で主導的な役割を担った。1993年，イスラエルとの相互承認をはたす（オスロ合意）。1996年，初代パレスチナ自治区大統領に就任。（AP Images）

よる闘争は、おもにイスラーム・ジハード運動[48]によって担われていた。これは少数精鋭の武装闘争をもっぱらにおこなうエリート主義的な組織で、社会的基盤の形成にそれほど熱心ではなかった。一方、ハマースの母体であるパレスチナ同胞団は、社会活動により強固な社会的基盤の獲得に成功していた。ハマースはそのネットワークに依拠して、対イスラエル闘争への大衆動員に成功したのである。ファタハなど世俗的な民族主義の解放運動が主流を占めていた対イスラエル闘争において、イスラーム的な解放運動という新たな形態が登場した瞬間であった。

ハマースの祖国解放思想

祖国解放がバンナー思想において重要なモチーフであったことは、すでに検討したとおりである。第二次世界大戦後、イスラーム諸国の多くは、いくつかの問題をかかえつつも植民地支配からの独立を達成した。それらの国々で活動するムスリム同胞団は、イスラーム法施行・イスラーム国家樹立という最終目標に向けて活動しているが、そこでは外国による植民地支配からの祖国解放・独立はもはや主張されていない。

しかし、ハマースにとっては、祖国解放が至近の大目標である。パレスチナはイスラエルの占領下にあり、イスラーム国家樹立の前にまずは祖国を解放しなければならないと、

[48] 1980年代初頭，イラン革命に触発されたファトヒー・シカーキーとアブドゥルアズィーズ・アウダによって設立された急進的なイスラーム復興運動。ジハードによるパレスチナ全土解放を唱える。

彼らが認識しているためだ。なお、ハマースがいうパレスチナとは、現在自治政府が統治するガザ地区・ヨルダン川西岸地区だけではなく、現在のイスラエル領をも含む領域である。おおよそ、旧イギリス委任統治領パレスチナに相当すると考えてよいだろう。

一九八八年に制定された「ハマース憲章」は、「ムスリムは征服時にパレスチナを復活の日まで、全世代のムスリムのためのイスラームのワクフの地としたのである」(一一条)と述べる。ハマースにとって、パレスチナは分割・譲渡・放棄できないワクフ[49]の地であるため、全土解放は変更不可能の目標とされる。したがって、彼らはパレスチナの地に存在するイスラエル国家の存在を承認できないのだ。第一次・第三次中東戦争で現イスラエル領から逃れた難民の存在も、ハマースが全土解放を主張する一因となっている。こうした全土解放路線ゆえ、ハマースは「ミニ・パレスチナ国家[50]」を前提とするオスロ合意(一九九三年)以降の和平プロセスや和平交渉にたいして、反対の立場を堅持しているのである。

その一方で、ハマースはイスラエルとの停戦は可能であるとしばしば述べている。一見矛盾するこの主張は、なにを意味するのか。イスラエルとの停戦という考えは、一九九〇年代初めからハマース内部でみられるようになった。敵方との停戦はイスラーム法においても正当化されており、その前例として、七世紀に預言者ムハンマドがマッカ(メッカ)のクライシュ族と結んだ停戦協定「フダイビーヤの和約」や、十二世紀にアイユーブ朝の創

[49] イスラーム特有の財産寄進制度で，ワクフに設定された財産についてはいっさいの所有権の異動(売買・譲渡・分割など)が認められないとされる。

[50] 東エルサレムを含むヨルダン川西岸地区とガザ地区からなるパレスチナ国家樹立をめざす構想。旧イギリス委任統治領パレスチナの全土を領域とすることをめざさないため，「ミニ・パレスチナ」と呼ばれる。

始者サラディンがイングランド王リチャード一世(獅子心王)らの第三回十字軍と結んだ停戦協定がしばしばあげられる。

ハマースは停戦について言及するさいに「短期的な停戦」と「長期的な停戦」を使い分けているようだ。短期的な停戦とは、イスラエルとの戦闘状態を停止させ、これにより、当面の組織再建や勢力拡大をはかるものである。ハマースはこれまで、一九九五年後半、二〇〇三年六月以降の六週間、〇五年三月以降の一五カ月間、〇八年六月以降の六カ月間、〇九年一月以降現在まで(〇九年三月現在)、計五回の停戦をおこなってきた。これらの停戦は、戦闘状態の停止を目的に、状況・局面に応じて締結・更新・終了される短期的な停戦である。

一方、長期的な停戦とは、イスラエルとの実質的な共存をはかるためのものだ。ハマースはイスラエル不承認を基本原則としているが、戦闘状態の停止を恒久化することでイスラエルとの実質的な共存が可能になると考える。イスラーム法に定める敵方との停戦協定は両者の合意で更新可能であり、理論的には恒久的な継続も可能なためである。一九九三年のヤースィーン発言は、ハマースの長期的停戦にかんする基本的な姿勢を示している。

問　「イスラエルとの停戦協定の締結を頼まれた場合、あなたはどうしますか?」

ヤースィーン　「われわれは一〇年、二〇年の停戦協定を結ぶことができる。ただし、その条件として、イスラエルがヨルダン川西岸・ガザ・東エルサレムから無条件に撤退し、一九六七年の〔第三次中東戦争勃発前の〕境界線までもどり、すべてのパレスチナ人が自らの将来を決定する自由を認めなければならない」。

ハマースは、長期的な停戦によりイスラエルとの実質的な共存を可能にする一方、それはあくまでも停戦にすぎないとすることでパレスチナ全土解放という組織目標を保持しつづけることが可能となる。しかし、この長期的停戦はその後のイスラエル承認や和平を保証するものではない。そのため、イスラエル承認をハマースとの対話条件とする中東和平カルテット[51]、そして当事者であるイスラエルにとっては受け入れがたいものとなっている。

このように、ハマース内部には二つの停戦観が存在しているといえよう。ハマースはこれまで短期的停戦はおこなってきたが、彼らが長期的停戦を可能とする条件（一九六七年境界線までのイスラエル撤退）が整ったことはない。ハマースがこれら二つの停戦を今後どのように用い、そして具現化してゆくのかは、彼らの祖国解放の将来的ビジョンを考えるうえで非常に興味深い。

ハマース活動の「両輪」

ハマースは祖国解放のためにはジハードをおこなうべしと主張する。ここでいうジハー

51 米国・ロシア・EU・国連の四者からなる。

ドとは、武装闘争のみならず、祖国解放に貢献する社会活動も含まれる。バンナーのジハード論の影響を指摘できよう。実際に、祖国解放をめざすハマースの活動では、草の根レベルの社会活動と、それを基盤とする対イスラエル闘争が中心となっている。社会活動と闘争活動がハマースの解放運動を推進する「両輪」だといえよう。

ハマースの社会活動は、母体の同胞団の社会活動を継承している、あるいは同胞団の社会活動と協力関係にある。例えば、イスラーム総合センターをはじめとする同胞団の社会運動組織は、現在にいたるまで活動を続けている。しかし、彼らは一様にハマースとの関係を否定する。ハマースとは財政的にも分離しており、会計監査もハマースとは別組織としておこなわれているという。これは、ハマースが同胞団によって創設されたが、かさなりあう別の組織であることをあらわしている。ハマースには同胞団に加入していないメンバーも多数いる。また、ハマースに加入していない同胞団メンバーも多く存在する。しかし、両者は指導部を共有しており、緊密な協力関係にある。それゆえ、別個の組織ではあっても、同胞団の社会的支持基盤をハマースの支持へ振り替えることが可能となっている。

彼らの社会活動は、モスク・学校・スポーツクラブなどの運営、医療奉仕活動、相互扶助組織の設立、イスラエル闘争での「殉教者」遺族への支援活動、労働組合・学生組合の組織化、衛星放送チャンネル(一〇四頁コラム参照)による広報活動など、広範にわたって

Column #03

ハマースのミッキーマウス

アラブ諸国では衛星放送が人気である。地上波に比べて、チャンネル数が多く、番組内容も多様であることが人気の理由らしい。筆者の住んでいたアパートの屋上にも巨大な受信アンテナが林立しており、いつ屋上がぬけるかと心配して暮していた。

じつは、ハマースも「アル・アクサーTV」という衛星放送のチャンネルをもっている。二〇〇七年、「明日の開拓者」という番組にファルフールというキャラクターがあらわれた。ミッキーマウスに似ているため、「ハマースのミッキーマウス」と呼ばれ、世界中のワイドショーやニュースで取り上げられた。日本のテレビにも登場した。番組ウェブサイトによれば、「パレスチナ、アラブ世界、イスラーム世界の子どもたちとコミュニケーションをとり、彼らの心にイスラームの教えを堅固なものとする」ことが、番組の目的となっている。ハマースは二〇〇六年立法評議会の選挙綱領で「マスメディアをパレスチナ人の戦いとその大義の高尚さをいつわりなく示すための演壇とする」としており、それが如実に反映されている。

ファルフールは、イスラームや祖国解放について子どもにもわかるように司会の女の子サラーとかけあいをしたり、視聴者の子どもからの電話相談に答えたりした。スタジオ外で寸劇のロケもよくおこなわれた。筆者の印象に強く残っているのは、「ファルフールの

◀ファルフール

カンニング」の回である。つぎのような内容だ。ある日、教室でファルフールが先生に怒られている。テストでカンニングをしたのがばれてしまったのだ。叱責する先生にたいして、ファルフールはつぎのように答える。「イスラエル軍の戦車に家を壊されて、ノートも教科書もなくなってしまいました」と。これはパレスチナで実際に見られる光景で、占領者の「不義」として子どもたちにも共感されうる。こうした共感をつうじて、ファルフールは子どもたちに語りかける。

パレスチナの子どもたちのあいだで人気を博したファルフールであったが、欧米諸国などから有害番組として苦情が募るなかで、「殉教」してしまう。彼の祖父から預かった土地の権利書を、イスラエル占領当局にわたさなかったため、撲殺されてしまうのである。なお、彼の殉教後、みつばちマーヤ似の「ナフール」やバッグス・バニー似の「アスード」が登場し、同じく人気を博したという。アラブ諸国の同胞団では新しいメディアを利用するダアワが活発であるが、衛星放送というハマースの試みはそのなかでも最先端のものといわれる。

いる。これらの活動はパレスチナ社会の改革を進め、祖国解放に貢献するジハードとみなされている。また、ハマースの社会活動は、ファタハや自治政府の提供する社会サービスと比べて公正・効率的だといわれている。自治政府幹部の汚職への批判が根強いパレスチナ社会において、人びとのあいだにハマースの「クリーン」なイメージを形成する機能もあるようだ。

　社会活動によって築かれた社会的支持基盤に依拠して、対イスラエル闘争はおこなわれる。同胞団の段階主義的な性格を指摘できよう。一九九〇年代前半まで、ハマースの対イスラエル闘争は、おもにイスラエル兵を襲撃対象としていたとされる。一九九二年には、「最初の殉教者」とされるイッズッディーン・カッサームの名を冠した軍事部門「カッサーム軍団」が結成された。一九九四年に「ヘブロン事件[52]」が起こったあと、ハマースは「殉教作戦」を開始し、多数のイスラエル市民が死亡する事態となった。

　ハマースの軍事部門についてはその性格ゆえ明らかにされていないが、政治部門が全体的な活動方針を決定し、軍事部門がそれを受けて独自に作戦を遂行していると推測される。筆者はアル・カーイダとハマースの関係についてよく質問されるが、両者はまったくの別組織だと答えている。しばしば、ザワーヒリーなどアル・カーイダ幹

▶イッズッディーン・カッサーム（1881 〜 1935）
シリア出身のウラマー。パレスチナの都市ハイファを拠点に，反英・反シオニズムの抵抗組織を創設した。1935 年，イギリス警官隊との戦闘で死亡。

部がハマースへの協力を声明などで述べるが、ハマースはそれを拒絶している。ハマースは自らの軍事行動を被占領者がもつ解放のための正当な権利としており、アル・カーイダの無差別な「テロ行為」とは違うと主張している。しかし、イスラエルや中東和平カルテットなどにとっては、ハマースの闘争活動は「テロ行為」である。国際社会では、ハマースがテロ行為を放棄しないかぎり対話は不可能とする声が主流である。

ハマースの政治活動と将来的展望

和平プロセスに反対するハマースは、「自治区」という枠組みを否定し、自治区の政府や立法評議会など諸機関の正統性を認めない立場をとっていた。自治区初の一九九六年大統領選挙・立法評議会選挙、アラファート大統領死去にともない実施された二〇〇五年大統領選挙には参加せず、政治参加には慎重であった。しかし、二〇〇四年地方議会選挙へ参加するなど、この方針にもしだいに変化がみられるようになる。その後、二〇〇六年立法評議会選挙に参加を決定するにいたって、ハマースは政治参加の姿勢を明確にする。

この変化の理由について、ハマースは、イスラエルの和平合意項目履行違反、アル・アクサー・インティファーダ[53]勃発、その後のイスラエルの侵攻により、和平プロセスはすでに破綻しているためだと説明した。二〇〇一年の九・一一事件以降、イスラエル首相シャ

52 ヨルダン川西岸地区のヘブロンにあるイブラーヒーム・モスクで礼拝中のムスリムがイスラエル人入植者により銃撃され，29名が死亡し，100名以上が負傷した事件。その後，和平交渉が停滞し，ハマースやパレスチナ・イスラーム・ジハードはイスラエル市民の武装を理由に，自爆攻撃による「殉教作戦」を開始した。

53 2000年9月のリクード党首シャロンのハラム・シャリーフ（エルサレムのイスラーム聖地）訪問を契機とする民衆蜂起。彼の訪問に反対する多くのパレスチナ人がアル・アクサー・モスク（ハラム・シャリーフ内のモスク）に集結し、抗議行動を取った。これを端緒にパレスチナ各地へ抗議行動が拡大したため、アル・アクサー・インティファーダと呼ばれる。また、第2次インティファーダとも呼ばれる。

ロンは米国の「対テロ戦争」の論理をとり、パレスチナとの和平交渉を中止し、自治区への攻撃を繰り返した。アラファート大統領もテロ支持者とされ、戦車が彼の執務府を包囲した。パレスチナ側の報復も続き、和平プロセスは瀕死の状態にあった。パレスチナの窮状打破には政治をおこなうことで対処するしかないと、ハマースは選挙参加を決定したという。ハマースの立法評議会選挙の綱領は、つぎのようにいう。

勇敢なるパレスチナ人の苦難の軽減、抵抗の強化、腐敗からの防衛のために、パレスチナの窮状改善に貢献する義務のために、(中略)われわれは二〇〇六年パレスチナ立法評議会選挙への参加を決定した。(中略)アル・アクサー・インティファーダの結果、新たな事態が進展し、オスロ〔合意以降〕の計画は過去の歴史となった。シオニスト占領者など当事者たちは「オスロ〔合意〕の埋葬」を語っている。

二〇〇六年一月、立法評議会選挙が実施され、ハマースは一三二議席中過半数の七四議席を獲得し第一党となった。アッバース大統領が指導する与党ファタハは四五議席に終わった。ハマース勝利の要因として、強固な支持基盤の存在や、ファタハ幹部の汚職への批判票の流入などがあげられる。世論調査でも、ハマースへ投票した者の多くが、その「クリーン」なイメージを理由にあげている。社会活動に基礎をおくハマースの解放活動が、政治的にも実を結んだといえよう。

同年三月、イスマーイール・ハニーヤを首班とするハマース政権が誕生したが、すぐに政権運営は困難となった。国内的には、ファタハとの対立が続き、武力衝突も頻発した。国外的には、欧米諸国がイスラエル不承認のハマースをボイコットし、パレスチナへの援助を見合わせた。六月、パレスチナ主要各派は事態の打開をめざして「国民融和文書」を作成し、統一政権の樹立に同意した。しかし、調印翌日、カッサーム軍団のイスラエル兵誘拐事件を発端にイスラエル軍の大規模なパレスチナ侵攻が始まった。その後、戦線はイスラエルのレバノン攻撃にまで拡大した。

翌年三月、ハマースとファタハは対立緩和と情勢改善をめざして、ハニーヤを首相とする統一政権を樹立した。しかし、統一政権成立後も両者の対立は解消されず、依然として武力衝突が続いた。衝突は激しさをまし、六月にはハマースがガザ地区を制圧する事態となった。アッバースはすぐに非常事態を宣言し、統一政権の解散とサラーム・ファイヤードを首相とする緊急内閣の組閣をおこなった。ハマースはこれを違法行為として非難した。その後、パレスチナ自治区は、ハマース統治下のガザ地区とアッバース大統領・ファイヤード政権統治下のヨルダン川西岸地区とに分断されている。イスラエルや欧米諸国は、アッバースやファイヤード政権を交渉相手として位置づけている。

▶イスマーイール・ハニーヤ(1963～　)
ガザを中心に活動するハマースの指導者。

二〇〇八年十二月~翌年一月のイスラエルのガザ攻撃では、パレスチナ側に多数の死傷者が生じた。イスラエル・ハマース双方の一方的停戦によって戦闘は一応の終結をみたが、ハマースの軍事部門は甚大な被害を受けたとされる。だが、その社会活動は健在で、戦災者支援や復興事業をつうじて、さらに支持を拡大しているようだ。

一九九三年のオスロ合意以降、パレスチナ暫定自治は発足したものの、その後のイスラエルによるパレスチナ侵攻や、パレスチナ側の内紛もかさなって、和平交渉はほとんど進展していない。暫定自治の枠組みも、ガザ地区とヨルダン川西岸地区の分裂状況などにより混迷の度合いをましている。しばしば、ハマースは和平プロセスのスポイラーと呼ばれている。しかし、最近では、パレスチナで一定の支持を集めているハマースを取り込まなければ、和平の進展は望めないとの声もみられる。和平交渉進展のためにはハマース側の変化も必要と考えられるが、そこには組織内の力関係や国内外の情勢が作用するであろう。二〇〇九年以降に断続的ではあるがファタハとのあいだでおこなわれている和解交渉が実り、統一政権が実現すれば、政権への関与のなかでハマースの変化が示されるかもしれない。

現在、ハマースはエジプト同胞団と同じく、政治のイスラーム化をどう実現するかという問題に直面している。それは政権をとっただけでは達成されず、その後の政策によって具体化される必要がある。ハニーヤ政権は成立直後に運営が困難となったため、具体的な政策は示されなかった。また、ハマースには、祖国解放という問題も未解決のまま残されている。長期停戦によるイスラエルとの実質的共存というハマースの構想は、国際社会で受け入れられそうにない。ハマースとイスラエルの両者間の戦闘は、なかなか終わりそうにない。これらの問題にたいして、ハマースがどう対処するのかは、現在のところはっきりとはわからない。そこでは、ファタハなどの国内勢力だけでなく、紛争の当事者であるイスラエル、周辺アラブ諸国、欧米諸国、日本を含む関連諸国・機関との関係も重要になろう。今後さらなる注視が必要である。

最近、同胞団の採用するイスラーム的な社会・政治改革がすでに限界に達しているとの指摘も聞こえてくる。筆者はある同胞団メンバーに将来の見通しを質問したことがある。彼はつぎのように答えた。「今は、できることを続けるのが大切だ。たしかに困難な状況にわれわれはいる。しかし、改革への努力はとめられない。もし神が望まれるのであれば、またチャンスが与えられるであろう。そのときのために、行動を続けなければならない」。外部からは活動がとまっているようにみえても、彼らは依然として精力的に活動を続けていることを、またエジプトやパレスチナ、さらにはイスラーム世界の将来を左右しうる存在であることを、改めて認識させる言葉であった。彼らをつうじて現代イスラーム世界を考えることは、決して無駄なことではないだろう。

参考文献

飯塚正人『現代イスラーム思想の源流』(世界史リブレット69) 山川出版社　二〇〇八年
伊能武次『エジプトの現代政治』朔北社　一九九三年
伊能武次編『中東諸国における政治経済変動の諸相』アジア経済研究所　一九九三年
伊能武次『エジプト――転換期の国家と社会』朔北社　二〇〇一年
伊能武次・松本弘編『現代中東の国家と地方』1　日本国際問題研究所　二〇〇一年
臼杵陽『原理主義』(思考のフロンティア) 岩波書店　一九九九年
臼杵陽『世界化するパレスチナ/イスラエル紛争』(新世界事情) 岩波書店　二〇〇四年
臼杵陽『イスラエル』(岩波新書) 岩波書店　二〇〇九年
大塚和夫・小杉泰・小松久男・東長靖・羽田正・山内昌之『岩波イスラーム辞典』岩波書店　二〇〇二年
大塚和夫『イスラーム主義とは何か』(岩波新書) 岩波書店　二〇〇四年
私市正人・栗田禎子編『イスラーム地域の民衆運動と民主化』(イスラーム地域研究叢書3) 東京大学出版会　二〇〇四年
吉川卓郎『イスラーム政治と国民国家――エジプト・ヨルダンにおけるムスリム同胞団の戦略』ナカニシヤ出版　二〇〇七年
ケペル、ジル (丸岡高弘訳)『ジハード――イスラム主義の発展と衰退』産業図書　二〇〇六年
小杉泰編『ムスリム同胞団――研究と課題の展望』国際大学国際関係学研究科　一九八九年
小杉泰『イスラームとは何か――その宗教・社会・文化』(講談社現代新書) 講談社　一九九四年

小杉泰『現代中東とイスラーム政治』昭和堂　一九九四年
小杉泰『イスラーム世界』（21世紀の世界政治5）筑摩書房　一九九八年
小杉泰編『イスラームに何がおきているか――現代世界とイスラーム復興』（増補版）平凡社　二〇〇一年
小杉泰『現代イスラーム世界論』名古屋大学出版会　二〇〇六年
小杉泰『イスラーム帝国のジハード』（興亡の世界史6）講談社　二〇〇六年
小松久男・小杉泰編『現代イスラーム思想と政治運動』（イスラーム地域研究叢書2）東京大学出版会　二〇〇三年
酒井啓子・青山弘之編『中東・中央アジア諸国における権力構造――したたかな国家・翻弄される社会』（アジア経済研究所叢書1）岩波書店　二〇〇五年
酒井啓子・臼杵陽編『イスラーム地域の国家とナショナリズム』（イスラーム地域研究叢書5）東京大学出版会　二〇〇五年
末近浩太『現代シリアの国家変容とイスラーム』ナカニシヤ出版　二〇〇五年
東長靖『イスラームのとらえ方』（世界史リブレット15）山川出版社　一九九六年
中田考『ビンラディンの論理』小学館　二〇〇二年
日本国際問題研究所編『中東基礎資料調査――主要中東諸国の憲法』上・下　日本国際問題研究所　二〇〇一年
間寧編『西・中央アジアにおける亀裂構造と政治体制』アジア経済研究所　二〇〇六年
バンナー、ハサン（佐伯隆幸訳）『光の方へ』アジア経済研究所　一九六九年
バンナー、ハサン（池田修訳）『ムスリム同胞団の使命』アジア経済研究所　一九六九年
山内昌之編『「イスラム原理主義」とは何か』岩波書店　一九九六年

山田俊一編『エジプトの政治経済改革』アジア経済研究所　二〇〇八年
山根学『現代エジプトの発展構造——ナセルの時代』晃洋書房　一九八六年
横田貴之『現代エジプトにおけるイスラームと大衆運動』ナカニシヤ出版　二〇〇六年
Hroub, Khaled, *Hamas: Political Thought and Practice*, Washington, DC: Institute for Palestine Studies, 2000.
Lia, Brynjar, *The Society of the Muslim Brothers in Egypt: The Rise of an Islamic Mass Movement 1928-1942*, Reading, UK: Ithaca Press, 1998.
Mitchell, Richard P., *The Society of the Muslim Brothers*, London: Oxford University Press, 1969.
Moussalli, Ahmad S., *Radical Islamic Fundamentalism: the Ideological and Political Discourse of Sayyid Qutb*, Beirut: American University of Beirut, 1992.
Tamimi, Azzam, *Hamas: Unwritten Chapters*, London: Hurst & Company, 2006.
Tamimi, Azzam, *Hamas: A History from Within*, London: Plive Branch Press, 2007.
Zoller, Barbara H. E., *The Muslim Brotherhood: Hasan al-Hudaybi and Ideology*, London & New York: Routledge, 2009.

図版出典一覧

臼杵陽『世界化するパレスチナ／イスラエル紛争』岩波書店　2004　p. 59, 60, 108 をもとに作成 *95, 97*上下

AP通信 *67, 98*左

筆者作成 *7*

筆者撮影 *23, 62, 63, 69*右, *75, 79, 87,* 口絵*3*上中

筆者提供 *35, 37*右, *54, 60*左, *64, 69*左

三代川寛子氏提供 *18*右

ユニフォトプレス *9*右, *71,* 口絵*2,* 口絵*3*下, 口絵*4*

al-ʻAqīl, ʻAbd Allah, *Min Aʻlām al-Ḥaraka wa al-Daʻwa al-Islāmīya al-Muʻāṣira,* Kuwait, 2001, p.649, p.13, p.231. *52, 60*右, *106*

Cairo Times, vol. 7(45), 2004. *81*

Duroselle, Jean-Baptiste, *L'Europe : Histoire de ses Peuples,* Perrin, 1990. p.276. *9*左

ʻEnayat, Hamid, *ʻSeyri Dar Andishe-ye Siyasi-ye Arab: Az Hamle-ye Napole'un Be Mesr Ta Jang-e Jahani-ye Dovvom,* Tehran, 1991-92. *15*中, *15*左

Jāmiʻ, Muḥammad, *Wa ʻAraftu al-Ikhwān,* Cairo, 2004, p.11, p.67. *18*左, *45*

Kamāl, Aḥmad ʻĀdil, *al-Naqt fawqa al-Ḥurūf: al-Ikhwān al-Muslimūn wa al-Nizām al-Khāṣṣ,* Cairo, 1989, p.80, p.99, p.174, p.373, p.110. *19, 37*左, *43, 46*右左

MEMRI TV（http://www.memritv.org/） *105*

al-Munjid fi al-Aʻlam, Beirut, 1975. *15*右

The Palestinian Information Center（http://www.palestine-info.co.uk/en/default.aspx） *109*

Rex Features ／ PPS通信社 口絵*1*

al-Wāʻī, Tawfīq Yūsuf, *Maʻsūʻa Shahdāʼ al-Ḥaraka al-Islāmīya fī al-ʻAṣr al-Ḥadīth,* Cairo, 2006. *98*右

Zakī, Muḥammad Shawqī, *al-Ikhwān al-Muslimūn wa al-Mujtamaʻ al-Miṣrī,* Cairo, n.d. をもとに筆者作成 *26*

横田貴之（よこた たかゆき）

1971年生まれ。

早稲田大学政治経済学部卒業。

京都大学大学院アジア・アフリカ地域研究研究科博士課程修了。

専攻，中東地域研究，中東現代政治。

現在，明治大学情報コミュニケーション学部専任准教授。

主要著書・論文：「ハサン・バンナーのジハード論と大衆的イスラーム運動」（『オリエント』46-1号，2003），『中東諸国におけるイスラームと民主主義――ハマース2006年立法評議会選挙綱領を中心に』（日本国際問題研究所2006），『現代エジプトにおけるイスラームと大衆運動』（ナカニシヤ出版2006）

イスラームを知る10
原理主義《げんりしゅぎ》の潮流《ちょうりゅう》　ムスリム同胞団《どうほうだん》
2009年9月30日　1版1刷発行
2018年2月15日　1版2刷発行
著者：横田貴之《よこたたかゆき》
監修：NIHU（人間文化研究機構）プログラム
イスラーム地域研究
発行者：野澤伸平
発行所：株式会社 山川出版社
〒101-0047　東京都千代田区内神田1-13-13
電話　03-3293-8131（営業）8134（編集）
https://www.yamakawa.co.jp/
振替 00120-9-43993
印刷所：株式会社 プロスト
製本所：株式会社 ブロケード
装幀者：菊地信義
 ISBN978-4-634-47470-3